지은이 이지유
과학 논픽션 작가예요. 서울대학교에서 지구과학교육과 천문학을 공부했습니다. 과학을 쉽게 풀어 글을 쓰고 그림을 그려 책을 만들고 있어요. 좋은 외국 책을 우리말로 옮기는 일도 합니다. 지은 책으로 《별똥별 아줌마가 들려주는 과학 이야기》 시리즈, 《이지유의 이지 사이언스》 시리즈, 《기후 변화 쫌 아는 10대》, 《식량이 문제야!》 등이 있고, 옮긴 책으로는 《이상한 자연사 박물관》, 《꿀벌 아피스의 놀라운 35일》 등이 있습니다.

지은이 배성호
드넓은 세상에서 어린이·청소년이 건강하고 행복하게 자라길 바라는 선생님입니다. 세계 시민으로 학생들이 꿈과 희망을 키워 갈 수 있도록 초등 사회 교과서를 집필하고, 유자 학교 기획 단장을 맡아 전국의 학생, 선생님들과 함께 안전한 학교 만들기를 위해 노력하고 있습니다. 쓴 책으로는 《우리나라가 100명의 마을이라면》, 《우리가 박물관을 바꿨어요!》, 《선생님, 착한 손잡이가 뭐예요?》 등이 있으며, 함께 쓴 책으로 《미래 세대를 위한 과학 기술 문해력》, 《미래 세대를 위한 지구를 살리는 급식 이야기》, 《미래 세대를 위한 인공지능 이야기》 등이 있습니다.

그린이 이철민
출판 기획도 하고 글도 쓰는 그림 작가로, 1994년부터 다양한 이슈를 다루는 저널, 광고, 그리고 아이들을 위한 동화에 그림을 그리고 있습니다. 그린 책으로 《박문수전》, 《이순신과 명량대첩》, 《창경궁의 동무》, 《여우누이》, 《내 이름》, 《미래가 온다, 로봇》, 《미래가 온다, 인공 지능》 등이 있으며, 일상을 담은 수필집 《글 그림》을 쓰고 그렸어요.

① 탄소 발자국을 지워라

이지유·배성호 글 | 이철민 그림

푸른숲주니어

1 기후 변화, 대체 그게 뭐야?

- 날씨랑 기후랑 너무너무 헷갈려 ··· 8
- 기후가 휙휙 빠르게 바뀌고 있다고? ··· 12
- 지구가 왜 자꾸 뜨거워지는데? ··· 16
- 이산화 탄소가 더 많아지면? ··· 21
- 정말로 이산화 탄소가 문제야? ··· 26
- 그 많은 자연재해도 기후 변화 때문이라고? ··· 30

이쌤의 지식 톡톡 알쏭달쏭 용어 풀이 | 와글와글 퀴즈 한판
배쌤의 기후 교실 지구와 관련된 기념일 알아보기

2 푸른 행성 지구? 불타는 지구!

- 앗, 지구 시스템에 문제가 생겼어 ··· 42
- 지금이 인류세라고? ··· 46
- 지구의 에어컨이 사라지면 벌어지는 일 ··· 50
- 더 많은 바이러스가 생긴다면? ··· 56
- 마지막 방어선 1.5도를 넘어섰다고? ··· 60
- 여섯 번째 대멸종이라니… ··· 66

이쌤의 지식 톡톡 알쏭달쏭 용어 풀이 | 와글와글 퀴즈 한판
배쌤의 기후 교실 나만의 환경 협약서 만들기

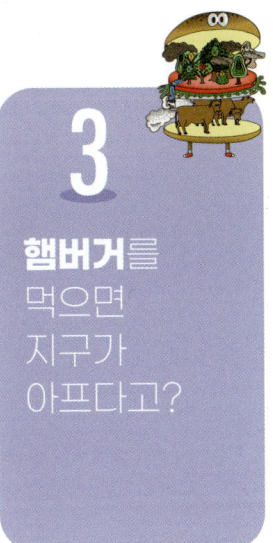

3 햄버거를 먹으면 지구가 아프다고?

산업 혁명으로 세상이 바뀌었어 ··· 76
움직일 때마다 탄소 뿜뿜! ··· 80
우리가 음식을 먹을 때 벌어지는 일 ··· 84
햄버거를 먹으면 지구가 아프다고? ··· 88
패스트 패션이 대체 뭐야? ··· 94
고릴라는 스마트폰을 싫어해 ··· 99
자외선 차단제가 산호를 죽인다고? ··· 104

이쌤의 지식 톡톡 알쏭달쏭 용어 풀이 | 와글와글 퀴즈 한판
배쌤의 기후 교실 우리가 즐겨 먹는 과자의 탄소 배출량 계산하기

4 내가 남긴 탄소 발자국을 지워라

탄소 발자국이 대체 뭐야? ··· 114
탄소에도 세금을 물려 ··· 121
환경을 생각하며 기업을 경영한다고? ··· 126
재생 에너지로 탄소 배출 줄이기 ··· 131
이젠 나도 환경 지킴이! ··· 135

이쌤의 지식 톡톡 알쏭달쏭 용어 풀이 | 와글와글 퀴즈 한판
배쌤의 기후 교실 십 년 뒤, 나는 어떻게 살고 있을까?

작가의 말 ··· 146

기후 변화, 대체 그게 뭐야?

1

날씨랑 기후랑 너무너무 헷갈려

요즘에는 날씨가 변덕이 참 심해. 하늘이 맑게 개었다가 갑자기 천둥이 치기도 하고, 봄인데도 기온이 낮아서 겨울옷을 옷장에 넣지 못하게 하기도 하고.

날씨가 이렇게 변덕스러워진 게 다 기후 변화 때문인 거 알아? 앗, 날씨랑 기후랑 비슷한 것 아니냐고? 언뜻 비슷한 것 같지만, 알고 보면 차이가 있어.

날씨는 우리가 맨날 보고 느끼는 거야. 덥고, 춥고, 비 오고, 눈 오고, 바람 불고……. 한마디로 어제 다르고, 오늘 다르지. 어제는 비가 주룩주룩 내렸는데, 오늘은 햇볕이 쨍쨍한 것처럼 말이야.

날씨는 그날그날의 대기 상태, 즉 지구를 둘러싸고 있는 공기의 상태를 가리켜. 순간순간 바뀌기 때문에 삼십 분 후의 날씨도 제대로 맞히기가 어렵지. 그러니까 기상청에 전화해서 우산 챙겼는데 왜 비가 안 오냐고 따지면 안 되겠지?

그렇다면 기후는? 기후는 한 지역의 날씨를 삼십 년 넘게 측정해서 평균을 낸 다음, 그 값으로 그곳 날씨의 변화 과정을 파악하는 거야. 그래서 "올해 6월 말에서 7월 초에 장마가 올 거야."라고 예측했다면 대체로 그 시기에 비가 내리게 돼.

한 지역의 날씨 정보를 오랫동안 측정해 왔으니까 꽤 정확하게 예측할 수 있거든. 작년에도, 재작년에도, 오 년 전에도 이맘때쯤 장마가 왔다는 통계를 가지고 예측하는 거니까.

그렇다면 기후는 천년만년 변하지 않을까? 물론 그건 아니야. 지구 나이가 자그마치 46억 살이거든. 기후는 46억 년 동안 아주 천천히 변해 왔어. 이런 걸 '기후 변화'라고 해.

기후가 휙휙
빠르게 바뀌고 있다고?

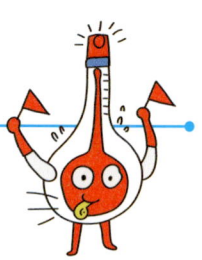

　매우 오랜 세월 동안 기후가 아주 천천히 변해 왔다고 얘기했지? 그런데 요즘은 기후가 휙휙 바뀌고 있어! 그만큼 예측하기도 더 힘들어졌지. 예전보다 여름에 더 덥고, 비도 더 많이 온다고 느끼지 않니?

　몇 해 전까지는 사과가 경상북도만의 특산물이었는데, 요즘에는 강원도에서도 나잖아. 그만큼 따뜻해져서 그래.

벚꽃은 보통은 4월에 피잖아. 그런데 작년에는 3월 중순에 피어서 사람들이 우왕좌왕했지. 그렇다면 올해는? 3월이 다 지나도록 날씨가 추워서 꽃이 피지 않았어. 벚꽃 축제를 미리 준비했던 지역에서는 축제 기간을 연기하는 등 한바탕 난리가 났지.

완전 변덕쟁이 같지 않아? 그만큼 심각하단 얘기야. 이제는 꽃구경하기도 힘들어. 그치? 그야말로 기후가 획획 변하고 있다는 게 온몸으로 느껴지지. 아, 그런데 기후는 원래 변하는 거 아니냐고? 그래, 변하긴 하지. 그렇지만 지금처럼 빠르게 변하는 건 정상이 아니야.

알프스산맥의 빙하가 백여 년 동안 절반 가까이 녹았다는 말 들어 봤니? 게다가 최근 십여 년 동안은 기상 관측 이래 가장 무더운 시기라고 하잖아. 단순히 '변화' 차원이 아닌 거지.

한마디로, 지구는 지금 난리가 난 거야. '기후 변화'라는 말 갖고는 어림도 없을 만큼……. 급기야 영국 신문 〈가디언〉에서는 기후 변화라는 단어를 '기후 위기'로 바꾸자는 주장을 했어. 더 나아가 요즘은 '기후 파국'이나 '기후 비상사태', '기후 재앙'이라는 말도 써.

혹시 그레타 툰베리에 대해 들어 봤니? 얼마 전부터 기후 위기, 즉 너무 빠른 기후 변화 속도를 늦추기 위해 뭔가 행동을 해야 한다고 주장하는 사람들이 나타났어. 그레타 툰베리가 대표적인 인물인데, 이런 걸 말로만 외치지 않고 직접 행동을 하자는 뜻에서 '기후 행동'이라고 불러.

'기후 정의'라는 말도 있어. 기후 변화 때문에 약소국이나 사회적 약자가 상대적으로 더 큰 피해를 보지 않도록 하는 거야. 환경 문제에서도 정의를 생각해야 한다는 거지.

예를 들면 이런 거야. 1980년대 후반, 미국 조지아주 아틀란타 지역에서 유독한 물질을 흑인 빈민촌에다 묻는 일이 있었어. 심지어 거기가 1급수 상수원 보호 지역이었다지? 환경 운동가들이 그걸 보고 문제를 제기한 거야.

"만약 백인들의 땅이었어도 그런 걸 묻을 수 있었겠어?" 하고 따진 거지. 유독한 물질을 배출하면서 돈을 번 사람은 백인들인데, 그 쓰레기를 처리하는 위험은 흑인들이 떠안아야 하는 건 말이 안 되잖아. 너무나 불공정한 일이지.

음, 1급수 상수원 보호 지역이 뭐냐고? 사람이 마시는 물의 원천, 즉 하천, 호수, 지하수가 있는 곳을 가리키는데, 오염시키지 않도록 특별히 보호해야 하는 곳이야. 그런 곳에 유독한 물질을 묻으면 그곳 주민들의 건강을 해칠 수밖에.

그나저나 기후 관련 용어들이 참 많지? 기후에 관한 용어가 이렇게나 많다는 건 그만큼 지금 지구의 기후가 위기에 빠져 있고, 사람들의 관심 또한 크다는 뜻이야.

지구가 왜 자꾸 뜨거워지는데?

 어쩌다 지구의 기후가 이렇게 심각한 지경에 이른 걸까? 얼마 전까지만 해도 기후는 대개 자연적인 요인으로 변했어. 태양의 활동이 활발해지거나 화산이 폭발하거나 바다에 지진 해일이 생기거나 대륙이 움직이는 것과 같은 이유로 아주 천천히 변해 왔지. 이건 매우 자연스러운 일이야.

 그런데 최근 들어 기후 변화가 엄청나게 빨라졌어. 과학자들의 말에 따르면, 지금의 기후 변화는 대부분 인간이 만들었다는 거야. 산업화 이후에 석탄이나 석유 같은 화석 연료를 마구마구 사용하면서 기후가 급격히 변했다는 거 있지?

음, 산업화가 뭐냐고? 농업이나 어업 중심이었던 산업 구조가 기계의 발달로 생산성이 늘어나면서 공업의 비중이 확 커진 걸 말해.

18세기에 증기 기관이 발명되면서 기술에 혁신이 일어나게 되는데, 이때 영국을 중심으로 산업화가 본격적으로 진행되었어. 기계로 한꺼번에 많은 물건을 생산(대량 생산)하게 되면서 몇몇 사람들이 엄청나게 많은 돈을 벌게 되었지.

이때부터 가진 사람과 못 가진 사람 사이의 격차가 생겨나. 몇몇 사람들의 삶이 지나치게 풍요로워지면서 빈부 대립과 갈등, 환경 오염 등의 문제가 생겨나게 된 거야.

그런데 여기서 환경 오염이 왜 생겨난 거냐고? 공장의 기계를 가동하기 위해서 화석 연료를 많이 쓰게 되니까, 이산화 탄소 같은 온실가스가 마구마구 뿜어져 나왔거든.

이 온실가스가 지구를 엄청나게 덥게 만들었어. 불과 150년 사이에 이산화 탄소가 너무 많이 배출되었다고 해. 그래서 지금 우리는 여태껏 한 번도 경험하지 못한 빠른 기온 변화 속에서 살고 있는 거야.

그런데 잠깐! 온실가스 때문에 지구가 왜 뜨거워지는 거냐고? 그걸 이해하려면 먼저 대기, 그러니까 공기가 어떻게 구성되어 있는지부터 알아야 해. 대기는 질소 78퍼센트, 산소 21퍼센트, 그리고 나머지 기체 1퍼센트로 이루어져 있어.

그렇다면 이산화 탄소는? 1퍼센트에 해당하는 나머지 기체에 다른 온실가스와 함께 섞여 있지. 대략 0.03퍼센트 정도? 아, 알아. 안다고! 무슨 말이 하고 싶을지……. 이런 말이 하고 싶겠지.

"애걔걔, 그렇게 적은 양이 무슨 문제가 된다고 그래요?"

그렇다면 이번에는 그 1퍼센트도 채 안 되는 온실가스가 얼마나 어마어마한 일을 하는지 알아볼까?

다들 온실이 뭔지는 알지? 비닐막이나 유리막으로 구조물을 만든 다음, 온도랑 습도를 일정하게 유지해서 한겨울에도 토마토나 딸기, 상추 같은 걸 키우잖아.

대기 속의 온실가스도 지구를 온실의 유리막이나 비닐막처럼 둘러싸고서 똑같은 역할을 해. 지구의 열이 우주로 빠져나가지 못하도록 막아 주는 일을 하는 거지. 땅이나 바다에서 나오는 적외선을 흡수해서 지구를 따뜻하게 만들어 주기도 하고. 그래서 이걸 '온실 효과'라고 불러.

그러니까 원래는 온실가스가 나쁜 게 아니야. 온실가스가 없어서 지구의 열이 죄다 우주로 빠져나가 버리면 너무너무 추워서 사람이 살 수가 없어. 다시 말하면 온실가스는 우리가 따뜻하게 살아갈 수 있도록 지켜 주는 일을 하는 거지. 그래서 '담요 효과'라고 부르기도 했어.

한겨울에 바깥에서 놀다가 집에 와서 담요 안에 쏙 들어가면 어때? 몸이 노곤노곤해지면서 잠이 스르르 오잖아. 그런데 말이야, 지금은 이 담요가 따뜻함을 넘어서 뜨거워진 게 문제야.

온실가스가 많으면 더워지고, 온실가스가 적으면 추워져. 적당해야 사람이 살기 좋은 거지. 지금은 어떻냐고? 온실가스가 너무너무 많아져서 지구를 데우고 데우고, 또 데우고 있는 중이야. 이렇게 온실가스 때문에 지구가

지나치게 뜨거워지는 것을 '지구 온난화'라고 해.

음, 온실가스에는 뭐가 있냐고? 기후 변화를 걱정한 여러 나라들이 모여서 6대 온실가스를 정했어. 이산화 탄소, 메테인, 아산화 질소, 수소 불화 탄소, 과불화 탄소, 육불 화황이야.

뭐가 뭔지 모르겠다고? 걱정하지 마! 다 외울 필요 없어. 이산화 탄소 정도만 알아 둬도 돼. 왜냐하면 이산화 탄소가 온실가스의 4분의 3을 차지하거든!

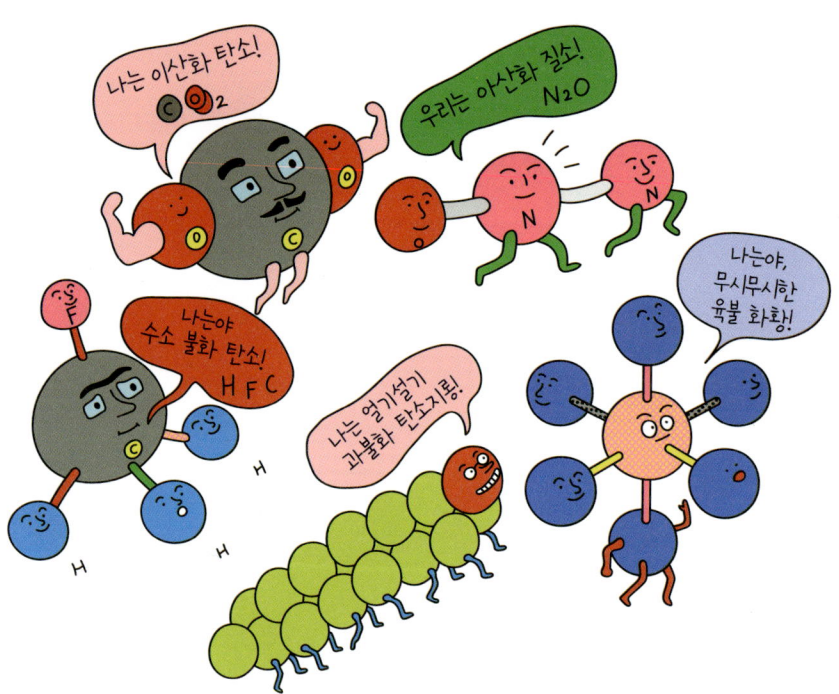

이산화 탄소가 더 많아지면?

이산화 탄소가 계속해서 많아지면 지구는 어떻게 변할까? 점점 더 뜨거워지다가, 설마…… 진짜로 불이 붙는 건 아니겠지?

과연 어떤 일이 벌어지는지, 지구의 친구 금성을 예로 들어 볼게.

다들 금성 알지? 우리말로는 샛별, 영어로는 미의 여신 비너스! 멀리서 보면 황금색으로 아름답게 반짝반짝 빛나서 이런 이름이 붙었다고 해. 금성은 지구랑 거리가 가까운 데다 쌍둥이처럼 닮은 행성이야. 지름은 600킬로미터밖에 차이가 안 나고, 질량도 지구의 81.5퍼센트 정도지.

그런데 그거 알아? 지구에는 생명체가 살아가는데, 금성에는 아무도 살고 있지 않은 거. 왜 그런 걸까?

금성은 대기에 황이 많아서 황금색으로 보인다고 해. 대기 속의 황이 태양 빛을 무려 80퍼센트나 반사한다지? 게다가 바닥이 안 보일 만큼 대기가 엄청 짙어서 태양 빛이 뚫고 들어갈 수가 없다나 봐. 그만큼 햇빛이 땅에 닿기가 어렵다는 거지.

지금 머릿속에 무슨 생각이 떠오르는지 알 것 같은데! 혹시라도 금성이 엄청 추워서 생명체가 못 사는 거라고 생각했다면……, 땡! 금성에 생명체가 살지 못하는 건 맞지만 이유는 그게 아니야. 금성에 '베네라'라는 탐사선을 보내 봤거든. 글쎄, 탐사선이 대기에 닿자마자 밑으로 뚜두두 떨어지면서 금방 고장 나 버렸다지 뭐야. 왜 그랬을까?

베네라가 통신이 끊기기 전에 보내온 자료를 살펴보니까, 온도가 자그마치 460도! 대기압은 지구의 90배였다나 봐. 금성에 짙게 깔려 있던 대기의 96퍼센트가 바로 이산화 탄소였던 거야. 금성이 햇빛을 못 받아서 추운 게 아니라 온실 효과 때문에 온도가 그렇게까지 높이 올라갔던 거지.

이쯤에서 이렇게 묻고 싶은 친구가 있으려나?

"지구에는 이산화 탄소가 0.03퍼센트밖에 없다며? 그런데 뭐가 문제야?"

원래는 지구와 금성의 이산화 탄소 양이 비슷했대. 예전에는 금성도 지구처럼 푸릇푸릇했다는 거지. 그런데 태양 에너지가 변하기도 하고, 또 화산 활동으로 이산화 탄소가 많아지면서 지금처럼 바뀌게 된 거야.

다행히 지구에서는 이산화 탄소가 바다로 녹아 들어간 뒤 탄산염암이라는 돌이 되어서 바닥으로 가라앉았다고 해. 천만다행이지? 그런데 지구의 기온이 점점 오른다면? 그 돌이 녹아서 그 안에 갇혀 있던 이산화 탄소가 다시 나올지도 몰라. 한마디로, 게임에서처럼 봉인이 해제되는 거지.

돌 안에 갇혀 있던 엄청난 양의 이산화 탄소가 다시 뿜어져 나온다면 지구도 금성처럼 되어 버릴 수 있다는 얘기야. 금성처럼 460도까지 갈 것도 없이, 상상하기 쉽게 100도가 되었다고 생각해 봐. 과연 우리가 살아갈 수 있을까? 바닷물이 펄펄 끓을 텐데? 상상만으로도 끔찍하지 않아?

정말로 이산화 탄소가 문제야?

여기까지만 보면 온실가스, 그중에서도 이산화 탄소가 아주아주 나쁜 기체인 거 같지? 그런데 말이야, 어쩌면 이산화 탄소 입장에선 이런 얘기가 무진장 억울할지도 몰라.

만약 열을 붙잡아 주는 이산화 탄소가 없었다면, 지구의 평균 기온은 영하 16도에서 18도 정도였을 거거든. 한겨울 기온이지. 그러면 살아가기가 무척 힘들겠지? 옷을 두세 겹씩 껴입은 채 집 안에서 오돌오돌 떨고 있어야 할 거야.

앞에서도 말했지만 이산화 탄소 자체가 나쁜 게 아니야. 적당한 양만 있을 때는 오히려 지구에 유익한 작용을 하거든. 너무너무 많아진 게 문제지.

 산업화를 거치면서 이산화 탄소의 양이 0.01퍼센트가 늘어났어. 고작 0.01퍼센트가 늘어났는데 뭘 그리 호들갑이냐고? 해마다 사람들이 내보내는 이산화 탄소의 양을 모두 합하면 무려 300억 톤이나 돼!

과학자들의 연구에 따르면, 마지막 빙하기가 끝나고 사람들이 농사를 지을 수 있을 정도로 평균 기온이 오르기까지는 대략 1만 년 정도가 걸렸다고 해.

1만 년 동안 4~5도가 오른 셈이니까 1도가 오르는 데 2천 년가량 걸렸다고나 할까. 이 정도는 자연스러운 거라고 볼 수 있지.

그런데 문제는 지난 150년 동안 사람들 때문에 이산화 탄소가 엄청 빠르게 늘었다는 거야.

2000년
1°C

산업화 이전(1850~1900년 사이)과 비교해 보면 지금까지 1.5도가 넘게 올랐다고 해. 앞서 말한 자연적인 온도 변화보다 무려 15배나 빠른 속도지.

이제 지구가 얼마나 빨리 뜨거워지고 있는지 알겠지? 그러니까 이산화 탄소 자체가 아니라 자신들의 이익을 높이기 위해 무분별하게 배출해 내고 있는 사람들이 문제인 셈이야. 지구 온난화의 진짜 주범은 바로 사람이라는 거지.

그 많은 자연재해도 기후 변화 때문이라고?

지구 온난화 때문에 지구가 땀을 뻘뻘 흘리고 있거나 아파서 찡그리고 있는 그림을 본 적이 있을 거야. 앞에서도 여러 번 나왔지? 그런데 과연 '지구가' 아픈 게 맞을까?

아주아주 옛날에 공룡이 살던 시절, 그러니까 중생대에는 지금보다 지구가 더 뜨거웠대. 이산화 탄소도 지금보다 훨씬 많았고, 남극에는 얼음도 없었지. 그런데 공룡들이 어떻게 되었는지 알지? 모두 멸종했어. 지구는? 멀쩡했잖아! 지금도 마찬가지야. 지구의 위기가 아니라 사실은 인간을 포함해 모든 생물의 위기인 거지.

최근 급격히 늘어난 자연재해도 기후 변화 때문인 거 알아? 물론 모든 자연재해가 기후 변화 때문인 건 아니야. 자연재해는 예전부터 있어 왔으니까. 그런데 요즘 뉴스를 보면 뭔가 심상치 않다는 게 느껴지지 않니?

지난 2025년 3월, 대형 산불이 여러 곳에서 발생했어. 특히 경상북도 의성군과 안동시, 경상남도 산청군에서 피해가 컸지. 이 산불로 31명이 사망하고, 4만 명의 이재민이 발생했어. 3만 6000헥타르의 산림이 불에 탔는데, 이건 축구장 5만 개와 비슷한 면적이야. 휴, 엄청나지?

지금까지 난 산불 중에서 가장 피해가 컸다고 해. 이것 역시 기후 위기 때문이라는 분석이 나와. 지구 온난화로 겨울과 봄이 점점 따뜻해지는데, 강수량은 오히려 줄어들고 있으니까. 그만큼 산속에 사는 것들이 바짝 말라 있어서 쉽게 불이 난 거지.

게다가 봄에는 바람이 많이 불잖아. 작은 불씨도 순식간에 대형 산불로 키울 수 있어. 사실 이건 우리나라만의 문제가 아니야. 전 세계적으로도 산불 피해가 점점 더 심각해지고 있거든.

2019년에 오스트레일리아에서 일어난 산불은 무려 일곱 달 동안이나 계속되었어. 이때 우리나라 면적의 두 배에 해당하는 숲이 불탔지. 이유는 아까 말한 것과 비슷해.

지구 온난화로 가뭄이 계속되어서 땅이 바싹 마른 상태였어. 거기다가 기온도 높았고, 바람도 거세게 불었지. 따지고 보면, 지구 온난화가 주요 원인이었던 거야.

기후 변화로 인한 가뭄은 아프리카 사람들에게 특히 더 치명적이라고 해. 아프리카는 농업 의존도가 높거든. 가뭄이 계속되면서 농사를 지을 수가 없잖아. 그렇게 되면 먹을 게 없어서 식량 문제로 이어지지.

더 거슬러 올라가면 2016년에 에티오피아에서는 오십 년 만에 발생한 최악의 가뭄으로 농작물의 80퍼센트가 말라비틀어지는 일이 생겨났대. 결국은 기후 변화로 사람들이 고통받게 된 거지.

 단지 가뭄과 산불뿐만이 아니야. 요즘 들어 견디기 힘든 폭염과 급작스러운 폭우가 더욱더 잦아진 것도 다 기후 변화 때문이거든.

심지어 태풍도 기후 변화 때문에 심해지는 거 알아? 지구는 둥글기 때문에 태양 빛을 골고루 못 받아. 적도는 태양 빛을 많이 받고, 북극과 남극은 적게 받지.

지구도 그걸 알고 있어서, 가능한 한 열을 고르게 배분하려고 애를 써. 그 과정에서 태풍이 발생하는 거야. 태풍이 적도 부근의 열을 극지방으로 옮기는 거거든.

최근에 지구 온난화로 지구가 뜨거워지면서 태평양 수면에 수증기가 더 많이 생겼어. 그래서 강력한 태풍이 더 많이 발생하게 된 거야. 태풍이 우리를 위해 엄청 바쁘게 일하고 있다는 얘기지.

그동안 지내왔던 여름을 떠올려 봐. 비교적 지내기에 무난했던 여름에는 태풍이 적당하게 불었을 거야. 반면에, 태풍이 엄청나게 많았던 해는? 아마도 무진장 더웠을걸.

그러니까 지구 온난화로 기온이 올라갈수록 지구의 열이 많아지고, 그 늘어난 열을 다른 지역으로 실어 보내느라 태풍이 더 잦아지는 거지.

지구 온난화를 막지 못하면 앞으로 자연재해가 더 많이, 더 강력하게, 더 예측할 수 없게 생길 거야. 사람들이 만든 기후 위기가 결국엔 부메랑이 되어 되돌아오는 거지.

알쏭달쏭 용어 풀이

날씨   그날그날의 비, 구름, 바람, 기온 따위가 나타나는 기상 상태를 말해. 그때그때 다를 수 있어.

기후   일정한 지역에서 여러 해에 걸쳐 나타난 기온, 비, 눈, 바람 들의 평균 상태를 말해. 날씨처럼 자주 변하지는 않지.

기후 변화   일정한 지역에서 오랜 기간에 걸쳐서 진행되는 기상의 변화를 말해.

기후 위기   기후 변화는 자연스러운 일이지만, 요즘의 기후 변화는 너무 빠르고 심해. '변화'라는 말로는 약해서 경각심을 주기 위해 요즘은 이 단어를 더 많이 써.

지구 온난화   지구의 기온이 높아지는 현상을 말해.

온실가스   지구 대기에 쌓여 온실 효과를 일으키는 기체들을 통틀어 이르는 말이야. 이산화 탄소, 메테인 따위의 기체가 있지.

와글와글 퀴즈 한판

1. 다음 빈칸을 채워 보아요.

1) ☐☐ 은/는 매일 변해서 예측하기 어렵고, ☐☐ 은/는 잘 변하지 않아서 예측하기 쉬워.

2) 기후는 46억 년 동안 아주 천천히 변해 왔어. 이걸 ☐☐☐☐ (이)라고 해.

3) 온실가스가 열이 우주로 나가지 못하도록 막아서 지구를 따뜻하게 만드는 현상을 ☐☐☐☐ (이)라고 불러.

2. 맞으면 O, 틀리면 X 하세요.

1) '기후'는 엄청 자주 바뀌어. ☐
2) 지구의 대기에서 이산화 탄소가 차지하는 비율은 1퍼센트도 안 돼. ☐
3) 온실가스는 무조건 적을수록 좋아. ☐
4) 요즘 지구 온난화는 태양이나 화산 폭발과 같은 자연 현상 때문이야. ☐
5) 요새 자연재해가 부쩍 늘어난 것도 기후 변화 때문이야. ☐

정답 1. 1) 날씨, 기후 2) 기후 변화 3) 온실 효과 2. 1) X 2) O 3) X 4) X 5) O

지구와 관련된 기념일 알아보기

생각보다 우리에게 닥친 기후 위기가 심각하지? 기후 위기는 우리의 엄연한 현실이야. 그래서 많은 사람들이 기후 위기의 심각성을 알리고, 지구와 생물들을 보호하기 위해 지구와 관련된 기념일을 만들고 있어. 어떤 날이 있는지 알아볼까?

4월 22일, 지구의 날

환경 오염 문제의 심각성을 알리기 위해서 자연 보호자들이 제정한 지구 환경 보호의 날이야. 2023년 4월 22일에는 지구의 날을 맞이해서 저녁 8시부터 십 분간 불을 끄는 캠페인도 진행했어.

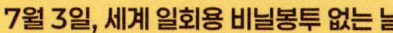

7월 3일, 세계 일회용 비닐봉투 없는 날

환경을 보호하기 위해 스페인의 국제 환경 단체에서 만든 날이야. 비닐봉투를 비롯해 플라스틱이 기후에 큰 영향을 미치는 건 알지? 이날만이라도 사용을 줄여 보는 거 어때?

9월 16일, 세계 오존층 보호의 날

오존층은 태양에서 방출되는 자외선을 흡수해. 에어컨이나 냉장고의 냉매에 사용되는 물질인 프레온 가스 때문에 오존층이 파괴되자, 오존층을 보호하기 위해 생겨났어.

지구와 환경을 생각하는 다른 기념일은 무엇이 있는지 찾아보고, 어떤 기념일이 생기면 좋을지 써 보자.

다른 기념일	내가 만들고 싶은 기념일

푸른 행성 지구?
불타는 지구!

2

앗, 지구 시스템에 문제가 생겼어

 달리기를 한다고 생각해 보자. 계속해서 달리면 어때? 다리가 아프고, 숨이 차고, 심장도 빨리 뛰고, 땀도 흠뻑 날 거야. 다리와 폐와 심장이 서로 연결되어 있어서 그래. 지구도 마찬가지야. 땅과 바다, 공기와 얼음, 식물과 동물이 서로서로 영향을 주고받아. 이걸 '지구 시스템'이라고 해.

 다른 말로 하면 계(系)라고 할 수 있어. 태양계, 은하계, 생태계……. 많이 들어 봤지? 계는 서로서로 영향을 주고받아서 한 무리를 이루는 걸 말해. 지구 시스템이라는 건 지구에서 서로 영향을 주고받는 무리를 뜻하겠지?

원래 과학자들은 지구를 다섯 개의 권으로 나눴어. 땅인 지권, 물로 덮인 부분인 수권, 공기를 의미하는 대기권(기권), 모든 생물을 포함하는 생물권, 그리고 얼음인 설빙권까지.

 원래 얼음을 물의 한 상태로 보고 수권에 포함시켰는데, 따로 떼놓고 보아야 할 정도로 중요해서 이렇게 분류했어. 이 다섯 가지 권이 서로 영향을 끼쳤지.

그런데 생각해 보니 지구 시스템에 어마어마한 영향을 끼치는 한 가지 요인이 빠진 거야. 바로 인간! 그래서 인간권이 추가됐어. 말하자면 지구 시스템은 지권, 수권, 대기권, 생물권, 설빙권, 인간권, 이렇게 여섯 개의 권이 서로 영향을 주고받으면서 지구의 모습과 생태계를 변화시키는 거야.

그런데 이 지구 시스템에 문제가 생겼어. 인간권, 바로 인간 때문에 말이야. 나무를 마구 베어 숲을 없애고, 플라스틱을 함부로 버려서 태평양에 쓰레기 섬을 만들었지.

숲이 줄어드니 공기는 탁해지고 동물들은 보금자리를 잃을 수밖에. 그뿐만이 아니야. 플라스틱 때문에 엄청 많은 바다 생물들이 죽고 있지. 빙하가 녹으면서 북극곰이 살 곳을 잃을 뿐만 아니라 섬나라에 살고 있는 사람들도 고향을 떠나야 할 수도 있대.

휴, 인간이 지구 시스템에 끼치는 영향이 어마어마하지? 이 때문에 어떤 과학자들은 지질 시대를 새로 구분해야 한다고 주장하고 있어.

지금이 인류세라고?

혹시 '인류세'라는 말 들어 봤어? 날아다니는 새냐고? 아니면 '세금' 할 때 '세'냐고? 아니야, 둘 다 땡! 인류세란 인간이 지구에 큰 영향을 준 지질 시대를 말하는 거야.

지질 시대가 뭐냐고? 지질 시대란 지층과 화석의 종류로 지구의 역사를 구분하는 걸 말해. 지구에 엄청나게 큰 변화가 생기면 새로운 지층이 만들어져. 그래서 시대를 구분하기 위해서 각각 다른 이름을 붙였지.

티라노사우루스를 예로 들면, '현생누대 중생대 백악기'에 살았던 공룡이야. 그때로부터 지금까지 엄청나게 세월이 많이 흘렀으니까, 공룡들이 살았던 지질 시대랑 지금 사람들이 사는 시대랑 지질 시대가 다르겠지? 지금은 '현생누대 신생대 제4기 홀로세'야.

몇몇 과학자들은 홀로세가 끝나고 인류세가 시작되었다고 주장해. 사람들이 지질 시대를 바꿀 정도로 지구에 어마어마한 영향을 끼치고 있다는 거지.

혹시 닭 뼈가 인류를 대표하는 화석이 될 수 있다는 거 알고 있니? 잘 생각해 봐. 치킨 좋아하지? 닭강정은? 닭볶음탕은? 사람들은 지금껏 살아오면서 수없이 많은 닭을 먹어 치웠어. 전 세계적으로 한 해에 사람들이 먹고 있는 닭이 무려 700억 마리래.

그건 땅속에 어머어마하게 많은 닭 뼈가 묻혀 있다는 얘기야. 이대로라면 먼 훗날 외계인이 지구를 탐험하다가 어마어마한 닭 뼈 화석을 발견하게 될 확률이 높지. 헉, 어쩌면 외계인들은 닭이 지구를 지배했다고 오해할 수도 있겠는걸.

인류세는 아직 공식적으로 인정받은 명칭은 아니야. 어쨌든 인간이 지구에 엄청난 영향을 끼치고 있고, 또 기후 위기와 밀접하게 연관되었다는 건 기억해야겠지?

지구의 에어컨이 사라지면 벌어지는 일

북극과 남극의 얼음을 지구의 에어컨이라고 해. 하얀 얼음이 우주에서 날아오는 태양 빛을 반사시켜 다시 우주로 내보내는 역할을 하거든. 그래서 지구가 뜨거워지지 않도록 도와줘. 그런데 지구의 에어컨이 점점 사라지고 있대.

먼저 북극부터 살펴볼까? 북극의 얼음이 30년 동안 절반이나 녹았대. 얼음이 사라지면 그 자리에 바다가 드러나게 되는데, 바다는 지구의 열을 흡수하잖아. 그만큼 얼음이 더 빨리 녹지.

얼음이 녹고, 바다가 뜨거워지고, 그러면 햇빛이 더 적게 반사되고, 다시 얼음이 더 녹고, 바다가 더 뜨거워지고, 햇빛은 더더 적게 반사되고……. 완전히 악순환의 반복이야.

이처럼 꼬리에 꼬리를 물면서 점점 더 일이 커지는 걸 '되먹임'이라고 해. 이러다 2040년쯤이면 북극의 얼음이 모두 녹을지도 몰라.

더 큰 문제는 남극이야. 북극보다 남극의 얼음이 훨씬 더 거대하고 두껍고 단단하거든. 그런데 이제 남극의 얼음까지 녹고 있어.

북극의 얼음이 녹아도 해수면은 거의 높아지지 않아. 얼음이 대부분 바다 밑에 잠겨 있거든. 반면에, 남극의 얼음은 대부분 대륙 위에 얹혀 있어. 그래서 남극의 얼음이 녹으면 바닷물의 수위가 눈에 띄게 높아져. 2002년부터 2023년까지 해마다 약 1,500억 톤의 얼음이 녹았대.

지난 백여 년 동안 평균 기온이 1도 넘게 오르면서 해수면이 약 23센티미터 상승했어. 이대로 가다간 2100년쯤이면 지구의 해수면이 1미터가량 높아질 거야.

그러면 해안에 세워진 대도시 일부분이 물에 잠기는 건 물론이고, 우리나라 해안도 물에 다 잠길 수 있어. 이건 결국 기후 난민 문제로 이어지게 돼.

기후 난민이 뭐냐고? 기후가 급격하게 바뀌어서 기존의 삶터에서 더는 살아가기가 힘들어져, 고향을 떠나 다른 곳으로 옮겨 갈 수밖에 없는 사람을 가리켜.

난민이라고 하면 전쟁 난민이 제일 먼저 떠오르지? 그런데 지금은 기후 난민의 수도 만만치 않게 많다고 해. 지난 몇 년간 기후 변화 때문에 고향을 떠난 사람들의 수가 해마다 2천만 명이 넘는다고 하니까.

태평양의 섬나라 투발루 공화국은 지금 국토 포기 선언을 고민 중이라고 해. 2060년이면 이 섬나라의 대부분이 물에 잠길 거라고 예측하거든. 또 다른 섬나라 키리바시 공화국의 대통령은 자기 나라가 위험에 빠진 걸 알리려고 바다 속에서 국무 회의를 열기도 했어.

　우리나라는 괜찮을까? 해수면이 2미터 높아지면 부산 해안 지역이나 인천 송도, 김해, 군산, 장항 등이 물에 잠길 거라고 예측하고 있어. 자칫하다간 우리도 기후 난민이 될 수 있다는 얘기야.

더 많은 바이러스가 생긴다면?

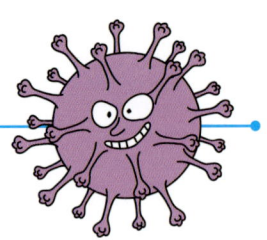

혹시 코로나19 바이러스 기억나? 너무 어릴 때라 기억이 안 나는 친구도 있을 거야. 2019년에 중국에서 발생해 2020년에 전 세계로 퍼진 코로나19 때문에 어른, 아이 할 것 없이 늘 마스크를 껴야 했잖아. 외출도 자유롭게 하지 못했고. 당연히 학교도 가지 못해서 원격 수업을 했지.

어떤 사람들은 코로나19의 원인으로 박쥐를 지목했어. 야생 박쥐가 야생 동물에게 바이러스를 옮기고, 그 동물이 다시 사람에게 바이러스를 옮겼다는 거지. 그런데 이것도 기후 변화와 밀접한 관련이 있다는 거 알아?

먼저, 사람들이 너무 모여 살아. 2020년 기준으로, 전체 인류의 약 57퍼센트가 도시에 바글바글 모여 살고 있다고 해. 많은 사람이 모여 사니까 감염병이 더 빨리 퍼지는 건 당연하겠지?

게다가 사람들이 무분별하게 야생 동물이 살던 삶터를 훼손했어. 그 바람에 살 곳이 없어진 야생 동물들이 사람들이 사는 마을로 슬금슬금 내려오면서 인간과 접촉하게 된 거야.

동물이 내려오는 것뿐만 아니라 사람들도 야생 동물의 삶터로 자꾸자꾸 더 들어가. 열대 우림 같은 곳을 생각해 봐. 사람들이 숲을 불태워서 농지로 만드는데, 열대 우림은 나무가 없으면 양분이 물에 쓸려 나가 버린다고 해. 그래서 3~4년 정도 농사를 짓고는 더 깊은 숲속으로 들어가곤 하지.

 이게 반복되다 보니 사람과 야생 동물이 자꾸 만날 수밖에. 숲의 나무를 함부로 베어서 기온이 올라가는 건 덤이고 말이야. 이렇듯 무분별한 개발로 감염병이 앞으로 더 자주 나타날 거래.

더 무시무시한 이야기 해 줄까? 북반구의 툰드라에는 '영구 동토층'이란 게 있어. 영원히 녹지 않는 땅이라는 뜻으로, 일 년 내내 얼어 있지. 여기에 엄청난 양의 메테인 화합물이 묻혀 있는데, 메테인은 이산화 탄소보다 더 위험한 온실가스야. 이산화 탄소보다 무려 20배나 강력하거든.

그런데 지금 영구 동토층이 녹고 있대! 왜냐고? 그만큼 지구가 따뜻해졌기 때문이지. 그렇게 되면 무슨 일이 벌어지는 줄 알아? 얼어붙은 땅속에 잠들어 있던 세균들이 깨어난다고! 어쩌면 지금까지 우리가 겪었던 것보다 더 무서운, 정체를 알 수 없는 감염병이 마구마구 퍼질 수도 있어.

마지막 방어선
1.5도를 넘어섰다고?

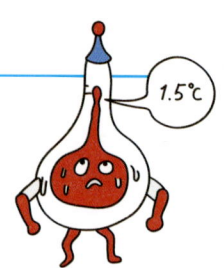

지난 150년 동안 지구 온도가 약 1도 넘게 올랐어. 과학자들이 계산해 보니 이대로라면 2100년에는 3도나 상승한대! 1도가 오른 걸로도 기후 위기가 이토록 심각해졌는데, 3도라니! 사실 1.5도만 올라가도 돌이키기가 힘들어져.

1.5도가 오르면 어떤 일이 벌어지냐고? 지금도 너무너무 더운 여름과 무시무시한 태풍, 연이은 폭우 뉴스를 쉽게 보고 있잖아. 이런 극단적 기상 현상이 우리나라뿐 아니라 세계 곳곳에서 발생하고 있어.

1.5도가 오르면, 이런 기후 이변이 걷잡을 수 없을 정도가

되어서 아예 우리의 일상이 되어 버릴 거야. 빙하는 지금보다 훨씬 더 많이 녹아서 바닷가에 있는 도시가 죄다 물에 잠기겠지. 앞에서 말한 대로 정체 모를 바이러스가 시도 때도 없이 감염병을 일으켜 사람들을 공포로 몰아넣을 거고.

또, 어마어마한 식량 위기가 찾아올지도 몰라. 농사를 제대로 지을 수가 없거든! 농림축산식품부에 따르면 2022년 우리나라의 식량 자급률은 49.3퍼센트로 OECD 회원국 중 최하위 수준이야. 식량 자급률이 낮다는 건 그만큼 외국에서 수입해 와야 한다는 뜻이지.

그런데 전 세계가 기후 위기로 농사를 망쳐 버린다면? 식량을 구할 수 없어서 굶거나 아주 비싼 값에 수입해야 해.

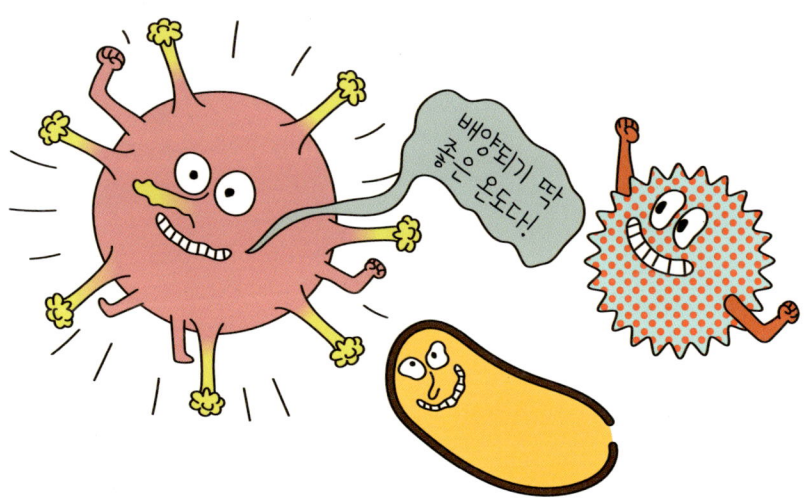

1.5도보다 더 오르면 어떤 일이 벌어질까? 지구의 평균 온도가 2도 오르면 해수면이 무려 7미터가량 상승할 거야. 엄청나게 많은 기후 난민이 생기겠지. 그리고 지구에 사는 동물 중 18퍼센트 이상이 멸종할 수 있대.

지구의 평균 온도가 3도 오르면? 식량 생산이 어려워져서 엄청나게 많은 사람이 굶주리게 될 거야. 멸종 동물의 비율도 최대 50퍼센트까지 올라가고.

사실 2도나 3도가 아니라 1.5도만 올라도 아주 큰일이야. 1.5도가 오르면 우리가 온실가스를 전혀 배출하지 않는다고 해도 지구 온난화를 멈추기가 힘들어지거든. 그때가 되면 인간이 이산화 탄소를 배출하지 않아도 이미 나온 온실가스로 지구의 온도가 엄청 높아지게 돼.

우리가 두려워해야 하는 게 뭔 줄 아니? 이 모든 게 먼 미래의 일이 아니라는 거야. 지구가 뜨거워지는 속도는 최근 들어 매우 빨라지고 있어.

아까 말했듯이, 이미 지난 150년 동안 지구의 평균 기온이 1도가 넘게 올랐어. 그런데 지금은 150년 전보다 온실가스를 더 많이 내뿜고 있잖아.

안타깝게도 2024년에 처음으로 1.5도가 넘었다는 조사 결과가 이미 나왔어. 이대로라면 지구의 평균 기온이 2도 높아지는 데도 그리 오래 안 걸릴 수도 있어. 시간이 많지 않다는 얘기야.

그렇다고 너무 겁먹진 마. 결코 쉬운 일은 아니지만, 우리가 다 같이 노력한다면 아직은 희망이 있으니까.

여섯 번째
대멸종이라니…

　대멸종은 말 그대로 지구상에 존재하는 생물 대부분이 지구에서 사라지는 걸 뜻해. 한마디로 다 죽는 거지.
　지구 역사에서 지금까지 다섯 번의 대멸종이 있었어. 그중에서 6,500만 년 전 중생대 백악기 말, 공룡이 멸종한 사건이 가장 유명하지. 소행성 충돌과 화산 폭발로 생긴 기후 변화가 원인이라고들 해.
　그때도 기후 변화라니? 대체 무슨 일이 있었던 걸까?
　먼저 소행성 충돌부터 생각해 볼까? 지구에 소행성이 날아와서 쾅 부딪쳤다면? 그 자리에 있던 생물들은 단번에 죽어 버리겠지. 충돌할 때 충격이 엄청날 거잖아. 수많은 돌과 흙과 먼지가 생겨나 멀리까지 흩뿌려질 거야.

먼지가 지구를 뒤덮은 채 수년 동안 사라지지 않는다고 상상해 봐. 식물은 광합성을 못 해서 죽을 수밖에 없어. 그다음에 초식 동물은 식물이 없어서 죽고, 육식 동물은 초식 동물들이 없어서 죽겠지?

그 결과 세대를 거듭할수록 개체 수가 서서히 줄어 멸종하는 거야. 그러니까 대멸종은 하루아침에 벌어지는 일이 아니라 수만 년 또는 수백만 년에 걸쳐서 일어나.

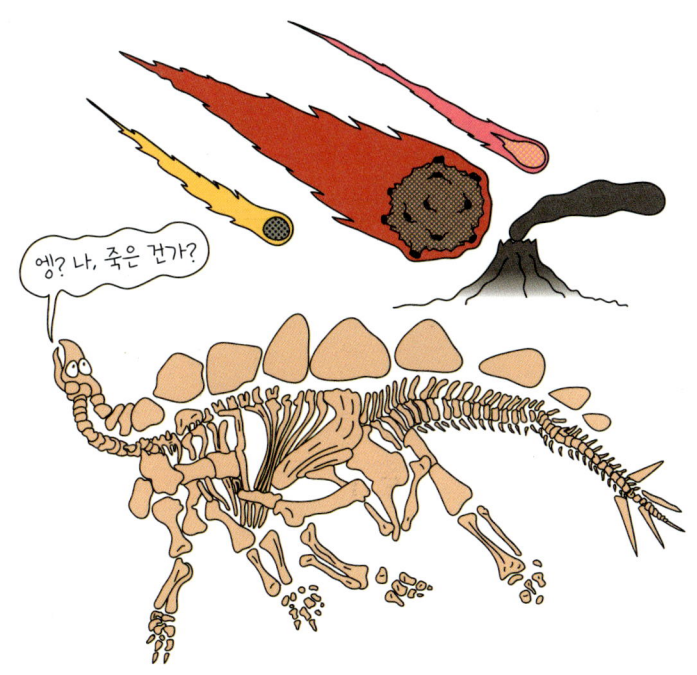

과학자들은 지금 여섯 번째 대멸종이 진행되고 있다고들 생각해. 그 이유가 뭐냐고? 그때처럼 소행성이 갑자기 날아와 충돌하거나 별안간 화산이 폭발해서가 아니야.

인간이 탄소를 지나치게 많이 배출한 탓에 일어난 지구 온난화로 대멸종할 거라고 짐작하는 거지. 즉 여섯 번째 대멸종은 자연재해가 아니라 인간 때문이라는 거야. 이대로 가다간 예상보다 빨리 대멸종이 일어날지도 몰라.

알쏭달쏭 용어 풀이

지구 시스템　지구 안에서 땅과 바다, 공기와 얼음, 식물과 동물이 서로서로 영향을 주고받는 걸 말해. 다른 말로는 '계'라고도 해.

기후 난민　급격하게 바뀐 기후 때문에 기존의 삶터에서 다른 곳으로 이주할 수밖에 없는 사람을 말해.

인류세　지질 시대를 구분하는 용어로, 사람들이 지구에 엄청난 영향을 끼치고 있어서 붙여진 이름이야. 아직 공식 명칭은 아니야.

툰드라　북극해 연안 지역으로, 가장 더운 달의 평균 기온이 0도에서 10도 사이야.

영구 동토층　여름에도 녹지 않고 일 년 내내 얼어 있는 지층을 가리켜.

대멸종　지구에 존재하는 생물 대부분이 지구에서 사라지는 걸 이르는 말이야. 수만, 수백만 년에 걸쳐서 서서히 일어나지. 여태까지 다섯 번의 대멸종이 있었어.

와글와글 퀴즈 한판

1. 다음 빈칸을 채워 보아요.

1) 지구 시스템에는 지권, 수권, 대기권, 생물권, 설빙권, 그리고 ☐☐☐ 이/가 있어.

2) 꼬리에 꼬리를 물며 점점 더 일이 커지는 걸 ☐☐☐(이)라고 해.

3) 툰드라 영구 동토층에 묻혀 있는 ☐☐☐ 은/는 이산화 탄소보다 10배 더 강력한 온실가스야.

2. 맞으면 O, 틀리면 X 하세요.

1) 북극과 남극의 바다는 지구의 에어컨 역할을 한대. ☐

2) 해수면이 2미터 이상 높아져도 우리나라는 항상 안전해. ☐

3) 지구의 온도가 백여 년 동안 1.5도 이상 올랐다고 해. ☐

4) 기후 변화 때문에 더 많은 감염병이 생길 수 있어. ☐

5) 여섯 번째 대멸종은 인간하고는 아무 상관이 없어. ☐

정답 1. 1) 인간권 2) 도미노 3) 메테인 2. 1) O 2) X 3) O 4) O 5) X

나만의 환경 협약서 만들기

오늘 점심은 먹을 만큼만 가져와서 남김없이 다 먹었니? 음식을 남기면 그만큼 탄소가 많이 배출돼. 기후 위기는 전 지구적인 문제이기 때문에 모두가 노력해야 하지. 우리가 하는 노력이 작아 보인다고 하더라도 한 명 두 명 실천하는 사람이 늘어나다 보면 언젠가는 지구를 구할 수 있어.

사용하지 않는 가전제품 플러그 뽑기
연간 12.6kgCO_2

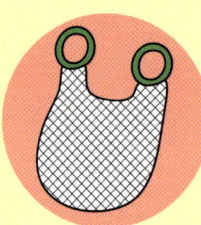

비닐봉투 대신 장바구니 사용하기
연간 2.5kgCO_2

음식물 쓰레기 20퍼센트 줄이기
연간 36.2kgCO_2

가까운 거리는 도보나 자전거 주 1회 이용하기
연간 25.1kgCO_2

내가 실천할 수 있는 탄소 배출 줄이기 다섯 가지 방법을 적고, 나만의 환경 협약서를 만들어 보자.

지구를 구하는 작은 실천

나만의 환경 협약서

☐ _____
☐ _____
☐ _____
☐ _____
☐ _____

나 ○○○ 은(는) 다섯 가지 실천을 통해 탄소 발자국 줄이기에 동참합니다.

햄버거를 먹으면 지구가 아프다고?

3

산업 혁명으로
세상이 바뀌었어

내가 좀 혁명적이긴 하지.

　18세기 중반에 영국에서 시작된 산업 혁명으로 화석 연료가 엄청나게 많이 쓰이기 시작했어. 증기 기관이 발명되면서 사람이 하던 일을 기계가 대신하게 되었고, 기계를 돌리는 데 필요한 화석 연료, 특히 석탄이 많이 사용되었지.

　화석 연료라고 하면 뭐가 생각나? 공룡 화석이 딱 떠오르지 않아? 맞아, 화석 연료란 아주아주 먼 옛날에 지구에 살았던 생물들이 죽으면서 땅속에 묻힌 잔해가 높은 열과 압력을 받아 만들어진 에너지 자원을 말해. 석탄, 석유, 천연가스 등이야.

석탄은 땅속에 오랫동안 묻혀 있다가 만들어지고, 석유는 바다 바닥에 쌓이면서 만들어져. 천연가스는 석유랑 비슷하게 만들어지지만 기체 상태로 땅속에 저장되어 있지.

이 화석 연료의 공통점은 뭘까? 바로 탄소가 많이 들어 있다는 거야. 화석 연료는 탄소 화합물인데, 태우는 과정에서 탄소가 산소와 만나 이산화 탄소가 생성돼.

지금은 화석 연료를 써서 생활하는 게 너무나 당연해졌어. 공장에서 큰 기계를 돌릴 때뿐만 아니라 물건을 만들고, 운반하고, 저장하고, 쓰는 데 화석 연료를 사용하지. 그래서 우리 모두 생활 속에서 엄청난 양의 이산화 탄소를 배출하고 있지.

어라, 넌 아닐 거 같다고? 그럴 리가! 당장 지금 네가 걸치고 있는 옷들은 죄다 화석 연료를 이용해서 공장에서 만들어졌는걸. 네 방에 있는 침대도, 책상도, 심지어는 지금 읽고 있는 책까지 말이야!

아까 먹은 점심밥 역시 이산화 탄소를 배출해. 농부가 농작물을 키우는 것에서부터 너희 집까지 오는 과정에서 계속 이산화 탄소를 배출하거든.

혹시 스마트폰을 쓰고 있니? 스마트폰 배터리를 충전할 때 필요한 전기도 만들어지는 과정에서 이산화 탄소를 배출하지만, 데이터를 쓰고 있을 때도 이산화 탄소가 많이 배출된다고 해. 헉, 세상이 온통 이산화 탄소투성이인 걸까?

움직일 때마다 탄소 뿜뿜!

우리가 무엇을 할 때 이산화 탄소가 가장 많이 배출될까? 아마 도로 위를 쌩쌩 달리는 자동차가 제일 먼저 생각날 거야. 매연을 뿜뿜 뿜어내는 게 눈으로 보이잖아.

대부분의 자동차는 화석 연료로 움직이기 때문에 온실가스를 많이 배출하지. 게다가 배기가스는 대기를 오염시키기까지 해. 사실 자동차의 가장 큰 문제는 그 수가 너무 많다는 거야. 2021년 말 기준으로, 우리나라에 등록된 자동차 수가 대략 2,500만 대라고 해. 우리나라 인구 두 명당 한 대의 자동차를 가지고 있는 꼴이지.

그래서 요즘에는 미래를 위한 운송 수단으로 전기차가 많이 주목받고 있어. 화석 연료 대신 전기를 쓰니까 비교적 친환경적이라는 거지.

전기차라고 해서 완전히 친환경인 건 아니야. 전기 역시 3분의 2는 화석 연료로 만들어지거든.

자동차를 만드는 과정에서도 이산화 탄소가 나올 수밖에 없어. 심지어 바퀴는 석유에서 뽑아낸 고무로 만드는걸. 그러니까 친환경이라는 말을 무조건 믿어선 안 돼.

자동차도 자동차지만 운송 수단 중에서 가장 이산화 탄소를 많이 배출하는 건 역시 덩치가 큰 비행기야. 유럽 환경청 자료에 따르면 승객 한 명이 1킬로미터 이동하는 데 배출하는 이산화 탄소 양이 258그램이라고 해. 버스는 68그램, 기차는 14그램인 거에 비하면 엄청난 숫자지.

그래서 유럽에서는 '플뤼그스캄(Flygskam)'이라는 말이 유행한대. 플뤼그스캄은 스웨덴어로, 비행기를 뜻하는 플뤼그(Flyg)와 수치심이라는 뜻의 스캄(skam)을 합성한 말이야. 비행기 여행의 부끄러움을 알자는 뜻이지.

이 단어는 스웨덴에 사는 그레타 툰베리가 태양광 요트를 타고 2주 동안 대서양을 횡단하여 미국 뉴욕에서 열리는 유엔 기후 행동 정상 회의에 참석하면서 유명해졌어.

그레타 툰베리는 십 대 때부터 기후 위기에 목소리를 낸 환경 운동가로, 노벨 평화상 후보에도 올랐어. 스웨덴 국회의 사당 앞에서 매주 금요일 기후 변화 대책을 요구하는 1인 시위를 벌였는데, 이 운동이 유럽의 많은 학생에게 퍼져 나갔지. 우리도 아픈 지구를 위해 뭔가를 해 볼 수 있지 않을까? 아주 작은 일이라도 말이야.

자, 우선 이동할 때 탄소를 덜 배출하려면 어떻게 해야 할까? 비행기는 이산화 탄소를 가장 많이 배출하니까 꼭 타야 되는 일이 있을 땐 직항을 이용하는 게 좋아. 비행기를 갈아타게 되면 그만큼 이산화 탄소를 더 많이 배출하게 되거든. 또 가까운 거리는 걸어 다니거나 자전거를 타도록 하고. 되도록이면 자동차보단 대중교통을 이용하는 게 좋겠지?

우리가 음식을 먹을 때 벌어지는 일

과자 좋아해? 초콜릿은? 이런 간식들은 어디서 어떻게 우리에게로 올까? 초콜릿의 원재료인 카카오는 가나에서, 라면과 과자, 초콜릿을 만들 때 쓰는 팜유는 인도네시아와 말레이시아에서 생산돼. 간식뿐만 아니라 모든 먹거리는 우리 식탁에 올라올 때까지 차곡차곡 푸드 마일리지가 쌓여.

마일리지라고 하니까 좋은 거 같지? 푸드 마일리지란, 음식들이 생산되어 소비자에게 오기까지 이동한 거리(킬로미터)를 식품 수송량(톤)에 곱한 값이야. 거리가 멀수록, 무게가 무거울수록 높아져. 수치가 높을수록 지구 환경에 안 좋은 거야.

푸드 마일리지가 높으면 왜 안 좋은 걸까? 먹거리는 배나 비행기를 타고 운반되는데, 모두 화석 연료로 움직이는 운송 수단이니까 이산화 탄소를 어마어마하게 배출해.

그뿐만이 아니야. 먹거리는 생산되는 과정에서도 환경에 큰 영향을 끼치거든. 아보카도를 예로 들어 볼까? 아보카도는 영양가가 풍부해 건강에 도움이 되는 '슈퍼 푸드'로 꼽히면서 인기가 무척 많아졌어.

혹시 아보카도를 어떻게 키우는지 알아? 멀쩡한 숲을 싹 없애고 그 자리에 아보카도를 심고 있지. 거기다가 물을 엄청나게 많이 써. 아보카도 하나를 기르는 데 약 200리터의 물이 필요하다나.

외국산 말고 우리나라에서 재배되는 과일을 먹는 건 어떨까? 당연히 멀리서 오는 과일보다는 푸드 마일리지가 덜 쌓이겠지!

그런데 대부분의 채소나 과일은 비닐하우스에서 재배되기 때문에 키우는 데 에너지가 많이 들어가. 재배된 먹거리를 도시까지 실어 나르는 데도 에너지가 들지. 저장하는 데도 에너지가 들어가는 건 말할 것도 없고.

이처럼 우리가 먹는 먹거리는 이산화 탄소를 배출하면서 식탁까지 온 거야. 그렇다고 안 먹고 살 수는 없잖아. 그럴 땐 푸드 마일리지를 줄이는 방법을 찾아봐야지.

장거리 운송을 거치지 않고 가까운 지역에서 재배되는 로컬 푸드를 먹거나, 제철 음식을 먹으면 푸드 마일리지를 줄일 수 있어.

또, 음식을 먹을 만큼만 만든 뒤 남기지 않고 다 먹는 게 중요해. 전 세계에서 만들어진 음식 중 3분의 1은 먹지 않고 그냥 버려지거든. 버려진 음식을 처리할 때도 에너지가 드는 거 알지?

햄버거를 먹으면 지구가 아프다고?

음식이 우리 식탁에 올라올 때까지 이산화 탄소가 엄청 많이 배출된다고 했잖아. 특히 햄버거를 먹을 때가 그래. 왜냐고? 햄버거에 들어가는 소고기 때문이야.

먼저 소를 키우는 것에서부터 문제가 시작해. 소를 키우자면 일단 목장이 있어야 하잖아. 사료를 만들 농장도 있어야하고. 목장이나 농장을 짓기 위해 사람들은 열대 우림이나 숲을 마구 불태우지.

소는 덩치가 크잖아. 그래서 그런지 사료가 어마어마하게 든다고. 고기 1킬로그램을 얻기 위해서는 사료가 무려 6킬로그램이나 필요하대. 지구에서 생산하는 곡물의 3분의 1을 가축의 사료로 만드는 데 쓴다나. 그 양이 얼마나 어마어마한지 짐작이 가?

 소들이 커 가는 중에도 환경이 오염돼. 소들이 트림을 하고 방귀를 뀌면 메테인 가스가 나오는데, 메테인 가스가 이산화 탄소보다 20배나 강력한 온실가스라고 앞에서 말했지? 소 네 마리가 한꺼번에 방귀를 뀌면 자동차 한 대만큼의 탄소를 배출한다나 봐.

어때? 햄버거 하나를 먹을 때도 엄청나게 많은 탄소가 배출되지? 이걸 '햄버거 커넥션'이라고 불러. 햄버거 패티에 들어가는 소고기를 얻기 위해 열대 우림이 파괴되고 지구 온난화가 심각해지거든.

우리가 즐겨 먹는 고기, 즉 소나 돼지, 닭 같은 가축을 사육하는 걸 축산업이라고 해. 축산업이 배출하는 온실가스의 양은 지구 전체 온실가스의 약 15퍼센트를 차지한대. 이건 전 세계의 모든 운송 수단이 배출하는 온실가스를 다 합친 양과 맞먹어. 어마어마하지?

우리나라 사람들은 고기를 얼마나 많이 먹을까? 2024년을 기준으로 한 사람이 일 년 동안 먹은 고기의 양은 약 60킬로그램이라나 봐. 감이 안 온다고? 2024년 기준 초등학교 5학년 남자아이의 평균 몸무게가 46킬로그램쯤 돼.

이렇게 많이 먹고 있으니 엄청나게 많이 길러야 하고, 그만큼 탄소 배출이 많아져서 지구에는 큰 부담이 되겠지. 그러니까 이제부터라도 고기를 꼭 필요한 만큼만 먹는 게 어때?

가축을 기를 때 환경 오염 문제만 생기는 게 아니야. 공장식 축산이라고 들어 봤어? 공장에서 물건을 찍어 내듯이 가축을 좁다란 우리에 잔뜩 몰아넣고서 기르는 방식을 말해. 적은 비용으로 많은 고기를 생산하려고 그런 방법을 쓰고 있는 거야.

좁은 공간에 우글우글 살고 있으니 구제역이나 조류 독감 같은 전염병이 돌면 순식간에 많은 가축이 병들 수밖에 없지.

이건 결국 동물 복지와도 연결되는 문제야. 가축들이라고 해서 사람들에게 고기를 제공하기 위해 태어난 건 아닐 거잖아. 가축들에게도 풀밭에서 자유롭게 뛰어다닐 권리가 있지 않을까? 모든 생명은 존중받아야 마땅하니까.

기후 위기와 연관지어 생각해 봐도, 동물권은 그저 동물만을 위한 게 아니라 인간을 위해서, 나아가 지구를 위해서도 꼭 존중되어야 하지.

당장 내일부터 고기를 안 먹겠다고? 그렇지만 한창 자라나는 어린이 시기에는 적절하게 먹어 주어야 건강하게 자랄 수 있어. 그러니까 가능한 한 여러 종류의 음식을 골고루 먹도록 하자. 어떤 음식이든 절대로 남기지 말고. 알았지?

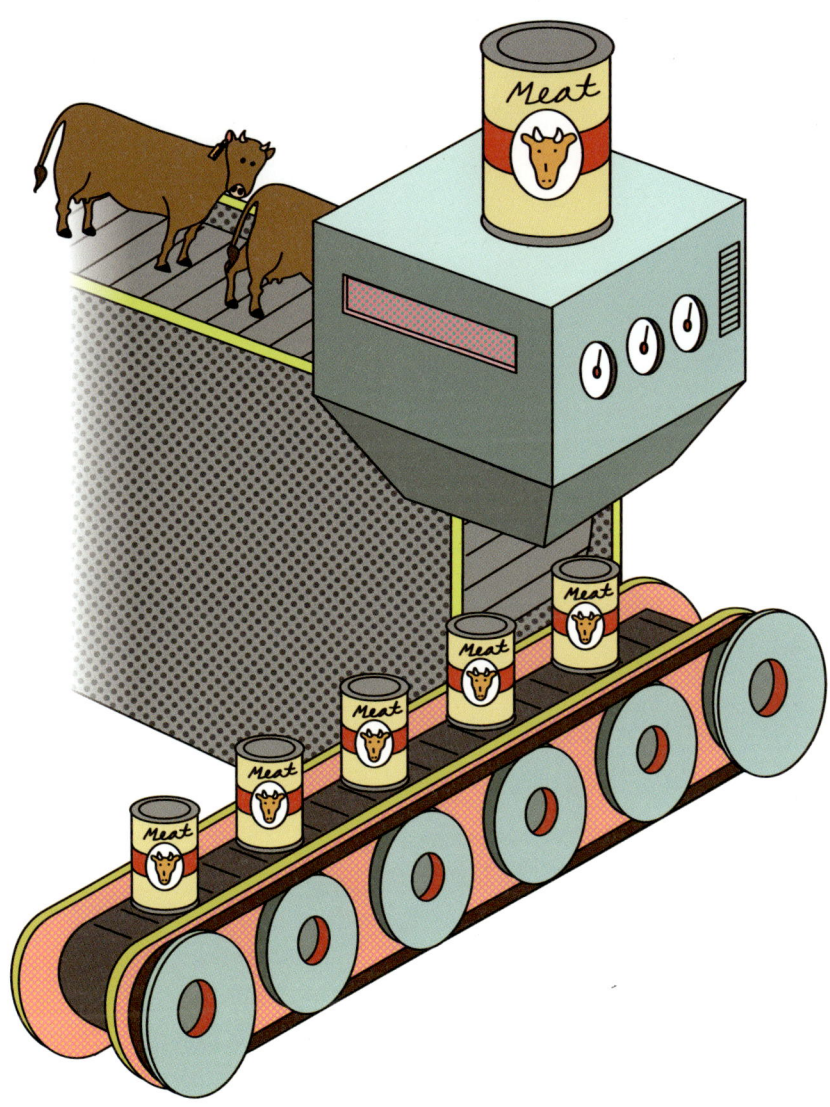

패스트 패션이 대체 뭐야?

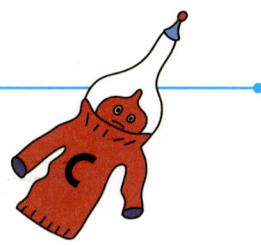

옷장을 한번 볼래? 평소에 꾸준히 입은 옷은 몇 가지야? 반대로 한두 번 입고 만 옷은? 혹시 유행에 민감한 편이니?

사실 옷이 환경 오염을 일으키는 건 패스트 패션의 영향이 커. 패스트 패션이 뭐냐고? 음, 유행을 바로바로 반영한 옷을 빨리 만들어서 싼값으로 파는 거야. 자라나 에이치앤엠, 유니클로, 탑텐 등이 대표적인 패스트 패션 기업이야. 많이 들어 봤지? 혹시 이런 브랜드의 옷을 즐겨 입고 있니?

패스트 패션은 가격이 싸기 때문에 큰 부담 없이 유행하는 옷들을 살 수 있어. 그런데 문제는 필요하지 않은 옷도 마구

구매한다는 거야. 과소비를 부추긴다는 거지.

옷을 만드는 과정에서 생각보다 환경 오염이 많이 생겨. 일단 옷을 만드는 데 물이 엄청나게 많이 들거든. 면을 만드는 데 쓰는 목화 1킬로그램을 기르려면 물이 2만 리터나 필요해.

중앙아시아에 있는 아랄해는 한때 세계에서 네 번째로 큰 호수였어. 그런데 사람들이 목화 재배를 시작하면서 호수의 면적이 무려 10분의 1로 줄어들었다나. 지금은 아예 사막으로 변해 가고 있어서 심각한 문제로 떠오르고 있지.

천을 염색하고 가공하는 과정은 또 어떤데? 청바지 한 벌을 만드는 데는 물 7,500리터가 필요하고, 티셔츠 한 장에는 2,700리터가 필요하지. 감이 안 잡힌다고? 2023년 상수도 통계에 따르면 한 명이 하루 수돗물을 300리터쯤 사용한다고 해. 그러니까 무려 이십 일 넘게 쓸 수 있는 물로 청바지 한 벌을 만든다는 말이야.

그럼 면 대신 합성 섬유로 만든 옷을 입으면 되지 않냐고? 이것 역시 심각한 문제를 안고 있어. 합성 섬유는 석유에서 뽑아낸 플라스틱을 원료로 해서 만들거든. 그래서 오백 년이 지나도 썩지 않아. 심지어 태우면 발암 물질이 나오기까지 해.

게다가 옷은 대부분 외국에서 만들어지고 있어서 운반하는 과정에서 탄소가 많이 배출돼. 생산에서 운반까지, 전 세계 온실가스 배출량의 10퍼센트가 바로 패션 산업에서 나오는 거라고 해.

정말로 놀라운 일이지? 이참에 옷장 정리 좀 해 보는 거 어때? 옷 살 때 신중히 결정하는 거 잊지 말고. 자, 약속해. 꼭 필요한 옷만 사서 오래오래 입기!

지구가 점점 더워지면서 몇 번 입지 않고 버려지는 옷도 많아지고 있어. 전 세계에서 의류를 재활용하는 비율은 고작 12퍼센트 정도라고 해.

환경부에 따르면 우리나라에서 버려지는 의류 폐기물도 점점 늘어나고 있대. 2019년에 약 5만 9,000톤이었는데, 2021년에는 11만 8,000톤이 넘었다지?

싸다고 무턱대고 사는 거 금지!

고릴라는 스마트폰을 싫어해

아까 전 세계 전기의 3분의 2가 화석 연료로 만들어진다고 했지? 그래서 전기가 사실은 친환경이 아니라고 했어. 바꾸어 말하면, 전자 제품을 사용할 때마다 탄소가 배출된다는 얘기지.

우리가 가장 많이 사용하는 전자 제품은 무엇일까? 바로, 바로 스마트폰일 거야. 2024년 우리나라 스마트폰 보급률은 95퍼센트! 그야말로 세계 최고 수준이지.

게다가 우리나라 와이파이는 또 얼마나 빨라? 그래서 그런지 사람들은 틈만 나면 스마트폰만 보고 있잖아. 밥을 먹을 때도, 잠자기 전에도, 심지어 길을 걸을 때도…….

스마트폰은 전기를 사용하는 것뿐만 아니라 그 자체로도 환경 문제를 심각하게 일으키고 있어.

먼저 스마트폰이 만들어지는 과정을 살펴볼까? 스마트폰을 만드는 데 여러 가지 광물이 필요해. 그중 가장 문제가 되는 건 콜탄이야. 스마트폰 메인보드에 들어가는 탄탈럼을 콜탄으로 만들거든. 전기를 잘 통하게 하는 특성 때문에 주된 원료로 쓰인다고 해.

아프리카의 콩고민주공화국에는 전 세계 콜탄의 70퍼센트에서 80퍼센트가 매장되어 있다지? 여기서 콜탄을 채굴하기 위해 환경을 마구 파괴하고 있대. 그 바람에 그곳에 살고 있던 고릴라의 개체 수가 엄청나게 줄어들고 있다고 해.

1995년에는 1만 7,000마리가 살았는데, 2016년에는 3,800마리로 줄었다나? 거의 십 년 사이에 77퍼센트나 줄었다니, 얼마나 심각한 상황인지 확 와닿지 않아?

게다가 이 콜탄 때문에 콩고민주공화국에서 전쟁이 계속되고 있어. 콜탄을 수출해서 번 돈이 내전 중인 콩고 정부와 반군의 전쟁 자금으로 쓰이거든.

콩고 주민들은 반군에게 끌려가서 노예처럼 쉬지도 못하고 콜탄을 채굴해야 해. 그래서 사람들이 스마트폰을 바꿀 때마다 콩고 주민들이 죽는다는 말도 있어.

당연히 스마트폰을 사용할 때도 탄소가 엄청 배출돼. 스마트폰을 사용하려면 네트워크에 연결해야 하잖아. 네트워크를 총괄하는 곳인 데이터 센터에서 가상 공간의 데이터를 저장하고 관리하는 일을 해.

데이터 센터에서 메일이나 메신저에 남긴 내용을 보관하거나 동영상을 보내려고 데이터를 사용하면서 엄청난 에너지를 쓴대.

이 데이터 센터는 하루 24시간, 1년 365일 돌아가야 해. 전기도 그만큼 사용해서 엄청난 열이 발생하지. 열을 식히는 데 들어가는 에너지가 데이터 센터에서 쓰는 전체 에너지 중 40퍼센트를 차지한다나 봐.

그래서 구글이나 마이크로소프트 같은 경우에는 데이터 센터를 핀란드에다 짓고 있어. 차가운 북극권의 날씨가 데이터 센터의 열을 낮춰 주거든.

핀란드는 태양열이나 바람을 이용한 재생 에너지가 잘 갖춰져 있어. 재생 에너지는 화석 연료와는 달리 무한정으로 쓸 수 있는 데다 환경을 오염시키지 않는 장점이 있지.

휴, 스마트폰을 만들고 사용하는 과정에서 지구와 사람, 동물에게 참 많은 영향을 끼치지? 스마트폰을 얼마 만에 한 번씩 바꾸니? 2018년에만 해도 교체 주기가 평균 2년 9개월이었는데, 요즘은 그나마 지속 가능성에 대한 관심이 높아지면서 그 시기가 조금씩 더 길어지고 있대.

그럼 이제 어떻게 해야 할까? 스팸 메일을 지워서 데이터 센터에서 보관하는 정보를 줄이고, 스마트폰 기계를 최대한 오래오래 써 보자고!

자외선 차단제가 산호를 죽인다고?

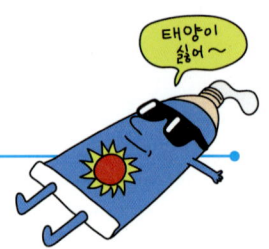

 무더운 여름의 필수품 하면 뭐가 가장 먼저 떠오르니? 에어컨, 선풍기, 수박, 바다……. 뭐, 다 좋아! 그렇다면 여러 가지가 있겠지만 햇볕 쨍쨍한 바닷가로 놀러 갈 땐? 자외선 차단제! 반드시 챙겨야지. 그런데 말이야. 이 자외선 차단제가 바다의 허파라고 불리는 산호를 죽이고 있대.

 산호는 바닷속에 사는 아주 작은 산호 동물들이 모여 만든 커다란 군락이야. 언뜻 돌처럼 보이지만 사실은 살아 있는 동물이지. 근데 왜 산호가 바다의 허파라는 걸까? 산호와 함께 사는 조류가 이산화 탄소를 흡수하고 산소를 만들거든.

그래서 바닷속 생물들이 숨을 쉴 수 있게 도와주지. 또 바닷물고기 중에서 4분의 1은 산호의 분비물이 퇴적되어 만들어진 산호초를 보금자리로 삼고 살아가. 또 해안선을 따라 형성된 산호초는 해일로부터 육지를 보호하는 방파제 역할을 하기도 해.

그런데 사람들이 자외선 차단제를 바르고 바다에 들어가면 산호가 크게 타격을 입게 돼. 자외선 차단제에 들어 있는 옥시벤존과 옥티노세이트가 산호에 나쁜 영향을 미치거든.

산호는 몸속에 있는 조류 덕분에 대부분 화려한 색깔을 띠어. 그런데 옥시벤존과 같은 유해 성분이 바닷물로 흘러 들어가거나 바닷물의 온도가 올라가면 산호가 조류를 뱉어 내면서 하얗게 변하게 돼. 이걸 '백화 현상'이라고 불러.

백화 현상은 산호를 서식지로 삼는 바다 생물들에게는 아주 치명적이야. 결국엔 바다 생태계가 파괴되어 버리지. 그래서 백화 현상을 '바다의 사막화'라고 부르기도 해. 요즘 들어 지구 온난화로 바다의 온도가 올라가면서 백화 현상이 더 빨라지고 있어.

오스트레일리아 북동쪽에 있는 그레이트배리어리프는 세계에서 가장 큰 산호초 군락으로, 한반도보다 더 크다고 해. 세계 자연 유산으로 등재되어 있기도 하지.

그런데 이곳의 산호들이 백화 현상 때문에 빠르게 죽어 가고 있어. 앞으로 십 년 후에는 지구상의 산호초가 다 사라질 수도 있다는 충격적인 연구 결과가 나오기도 했어.

또 다른 산호초 군락으로 동남아시아에 '산호 삼각 지대'가 있어. 여기서는 오스트레일리아와는 반대로 산호를 바다에 옮겨 심어서 살리는 일을 하고 있지. 그래서 산호가 되살아나기도 했다나 봐.

이처럼 우리가 다 같이 노력하면 자연이 회복될 수 있어. 앞으로는 자외선 차단제를 살 때 성분을 꼭 확인하도록 하자. 옥시벤존과 옥티녹세이트가 들어 있는 자외선 차단제는 절대로 사용하지 않는 거지.

아니면 모자나 양산, 선글라스를 사용하는 건 어때? 흠, 엄청 멋져 보일걸.

알쏭달쏭 용어 풀이

산업 혁명   18세기 후반부터 약 백여 년 동안 유럽에서 일어난 사회의 큰 변화야. 이를 기점으로 사람이 하던 일을 기계가 대신하게 되었지.

화석 연료   아주 먼 옛날 지구에 살았던 생물들이 죽으면서 땅속에 묻힌 잔해가 높은 열과 압력을 받아 만들어진 에너지 자원이야.

푸드 마일리지   수확한 식자재나 만든 식품이 소비자에게 오기까지 이동한 거리와 수송량을 곱한 값이야.

공장식 축산   공장에서 물건을 찍어 내듯이 가축을 좁은 축사에 잔뜩 몰아넣고 기르는 시스템이야. 적은 비용으로 생산량을 늘리기 위해서 이런 방법을 쓰고 있어.

패스트 패션   유행을 즉각 반영한 옷을 저렴한 가격으로 빨리 만들어서 유통시키는 요즘 패션 시장 트렌드를 말해.

백화 현상   산호가 해조류를 뱉어 내고 하얗게 변하는 현상이야.

와글와글 퀴즈 한판

1. 다음 빈칸을 채워 보아요.

1) 화석 연료에는 ☐☐, ☐☐, ☐☐☐ 이/가 있어.

2) 푸드 마일리지를 줄이기 위해서는 내가 사는 곳에서 재배되는 음식인 ☐☐☐☐ 을/를 먹는 게 좋아.

3) 햄버거를 먹을 때 탄소가 배출되는 과정을 ☐☐☐☐☐☐ (이)라고 해.

2. 맞으면 O, 틀리면 X 하세요.

1) 운송 수단 중에서 비행기가 이산화 탄소를 가장 많이 배출해. ☐

2) 푸드 마일리지는 거리가 멀수록, 무게가 무거울수록 낮아져. ☐

3) 패션의 유행은 환경과 관련이 전혀 없어. ☐

4) 스마트폰의 교체 주기는 점점 짧아지고 있어. ☐

5) 바다의 온도가 올라가면서 백화 현상이 더 빨라지고 있어. ☐

정답 1. 1) 석탄, 석유, 천연 가스 2) 로컬 푸드 3) 햄버거 가치사슬 2. 1) O 2) X 3) X 4) X 5) O

우리가 즐겨 먹는 과자의 탄소 배출량 계산하기

우리가 먹는 음식이 전 세계에서 만들어진다는 걸 알았지? 멀리서 오는 음식일수록 우리 식탁까지 오는 데 굉장히 많은 탄소를 배출해. 우리가 먹는 음식들이 저 머나먼 나라에서 건너오는 동안 얼마나 많은 탄소를 배출하는지 계산해 볼까?

1. 좋아하는 과자를 골라 보고 포장지에 적힌 정보를 통해 원산지를 추적해 보자. 그냥 찾아보면 어려울 수 있으니 힌트를 줄게.

팜유 : 인도네시아 및 말레이시아

카카오 : 남아메리카

밀가루 : 미국 및 오스트레일리아

2. 아래 지도에 과자의 원재료가 어디서 만들어지는지 표시하고, 우리 나라까지의 거리를 계산해서 적어 보자.

내가 고른 과자	
과자의 재료	
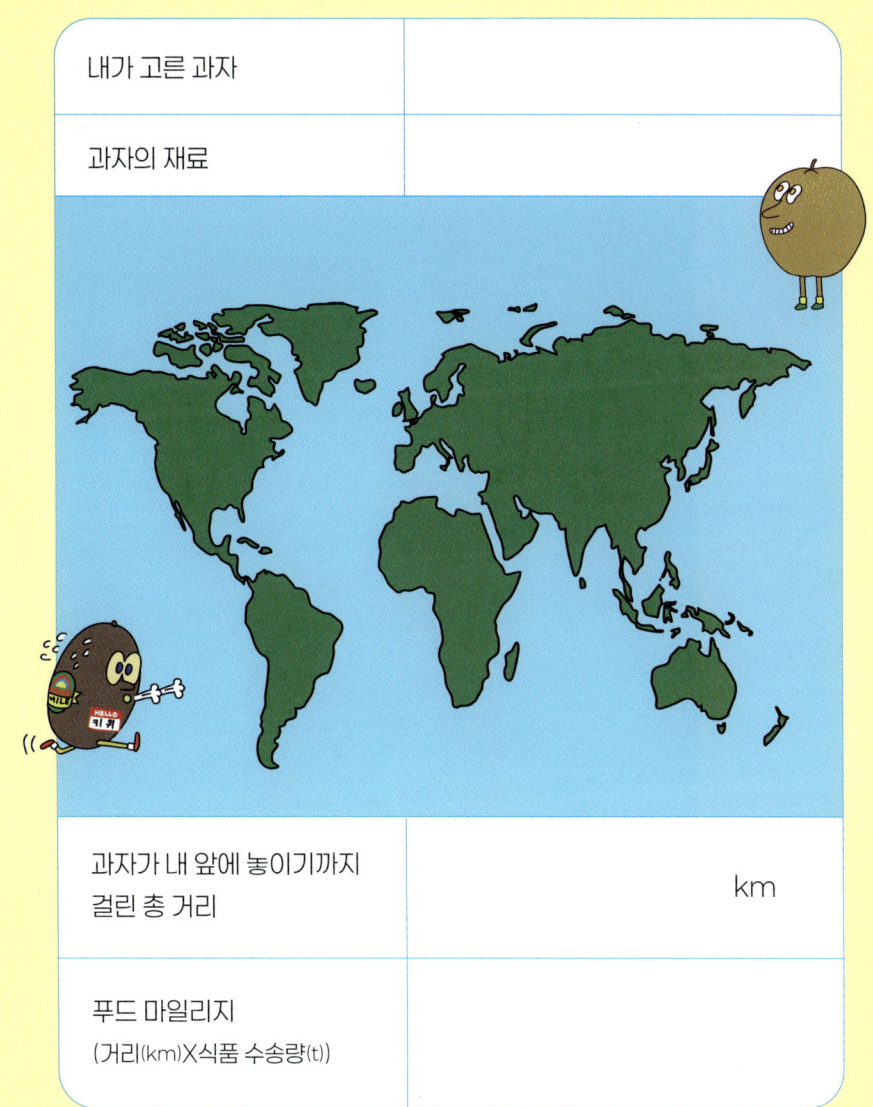	
과자가 내 앞에 놓이기까지 걸린 총 거리	km
푸드 마일리지 (거리(km)X식품 수송량(t))	

내가 남긴 **탄소 발자국**을 지워라

4

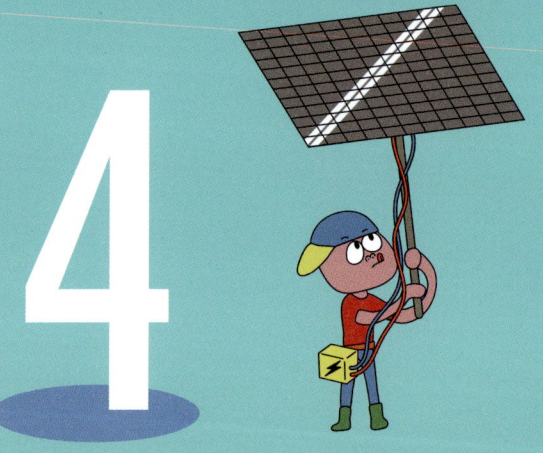

탄소 발자국이 대체 뭐야?

탄소가 총총 걸어 다니면서 발자국을 남긴다면 어떨까? 그러면 얼마나 많이 배출되는지 금방 알 수 있을 텐데. 그치? 그런데 이거 알아? 탄소 발자국을 이미 측정하고 있다는 거?

우리가 일상생활을 하거나 기업이 물건을 만들 때 발생하는 이산화 탄소 양을 수치로 나타낸 걸 탄소 발자국이라고 불러. 눈에 보이지는 않지만 이산화 탄소가 공기 중에 계속 쌓이고 있어.

햄버거 하나를 먹을 때는 2~3kgCO_2의 탄소 발자국이, 자동차로 10킬로미터를 달리면 2kgCO_2의 탄소 발자국이, 스마트폰 한 대를 만들 때는 70kgCO_2의 탄소 발자국이 남게 돼.

탄소 발자국을 계산해 보면 우리 가족이 배출하는 이산화 탄소의 양을 짐작할 수 있어. 엄마나 아빠한테 우리 집의 전기, 가스, 수도 등의 사용량을 확인해 보고, 얼마나 많은 양의 이산화 탄소를 배출하는지 한번 알아봐. 결과를 확인하면 깜짝 놀랄걸?

〈가정용 탄소 발자국 계산기〉

어때? 집에서 이산화 탄소를 얼마나 많이 배출하는지 확 와닿지? 생활 속에서 탄소 발자국을 줄일 수 있는 방안도 나와 있으니까 잘 살펴봐.

우리나라에서는 2009년부터 물건에 탄소 발자국 마크를 붙이고 있어. 탄소를 조금 배출하는 물건에는 저탄소 제품 인증 마크도 붙이고 있고.

 우리가 자주 먹는 음료수나 과자, 생수에 많이 붙어 있으니까 마트나 편의점에서 보물찾기처럼 탄소 발자국 마크 찾기를 해 보는 거 어때?

탄소 발자국을 잘 계산해 봤어? 탄소를 얼마나 많이 배출했는지 확인하는 데서 그쳐선 안 돼. 지구가 더 뜨거워지는 걸 막으려면 이산화 탄소 배출량을 '0'으로 만들어야 하거든. 배출되는 탄소량과 흡수되는 탄소량을 같게 하는 걸 탄소 중립이라고 해. 그렇게 하기 위해선 지금보다 덜 배출하거나 더 흡수하거나 해야겠지?

 이게 생각처럼 쉽지는 않아. 딱히 무엇을 하지 않아도 탄소가 나오거든. 숨만 쉬어도 나오는걸? 그러니까 탄소를 아예 배출하지 않는 건 불가능해.

 정말로 다행스러운 건 바다와 땅, 암석, 나무 등이 탄소를 흡수한다는 거야. 지구 스스로 균형을 맞추는 셈이랄까. 그런데 지금은 탄소의 배출량이 흡수량보다 훨씬 더 많아서 문제가 되고 있어.

탄소의 흡수량을 늘리자면, 일단 나무를 많이 심어서 잘 가꾸어야겠지? 그것 말고도 과학 기술로 탄소를 없애는 방법도 있어. 특수한 장치로 공기 중에서 탄소만 콕콕콕 집어서 모으는 건데, 이걸 탄소 포집이라고 해. 이렇게 모은 탄소를 돌처럼 만들어서 땅속 깊이 묻어 버리거나 화학 제품으로 만들어.

 최근에는 건물을 짓는 콘크리트에 탄소를 가두는 기술이 개발되었어. 콘크리트를 만들 때 이산화 탄소가 엄청 많이 발생한다고 해. 세상에, 지구에서 발생하는 온실가스의 5퍼센트나 된다지. 이 이산화 탄소를 콘크리트 안에 영원히 가둔다면? 건물도 짓고 탄소도 흡수하고! 꿩 먹고 알 먹는 셈이지!

놀라운 사실을 하나 말해 줄까? 이산화 탄소로 다이아몬드를 만들 수 있어. 다이아몬드가 얼마나 비싼 보석인지 알고 있지? 인공 다이아몬드 1캐럿을 만드는 데 이산화 탄소를 무려 20톤이나 쓴다고 해.

이게 얼마큼이냐 하면, 한 사람이 이 년 동안 배출하는 탄소량과 맞먹는대. 보석도 만들고 이산화 탄소도 없애고! 도랑 치고 가재 잡고! 딱 좋지?

이런 식으로 해서 이산화 탄소의 배출량과 흡수량을 같게 만들면? 탄소 중립이 이루어져. 다른 말로는 '넷 제로(Net-Zero)' 혹은 '탈탄소'라고 해.

탄소 중립을 이루기 위해 전 세계가 한마음으로 노력 중이야. 그런데 문제가 좀 있어. 지구의 온도 상승을 다시 1.5도 이하로 낮추려면 2050년까지 매년 이산화 탄소 100억 톤을 모아서 저장해야 해. 엄청난 양이지? 그만큼 이산화 탄소가 넘쳐 나고 있다는 얘기야.

모두 다 같이 힘을 모아야 해.

탄소에도 세금을 물려

자, 이제 탄소의 흡수량을 늘리고 배출량을 줄이는 게 얼마나 중요한지 알겠지? 그런데 어디서 이산화 탄소가 제일 많이 생겨날까? 정답은 바로…… 산업이야! 전 세계에서 발생하는 이산화 탄소의 30~40퍼센트는 공장에서 나온대. 탄소 중립을 이루기 위해서는 여기서 발생하는 이산화 탄소를 먼저 줄여야 해.

그런데 철강, 시멘트, 알루미늄, 제지 등 이런 공장들을 당장 멈추게 할 수 있을까? 이 공장들이 멈추면 우리의 생활이 엄청 불편해지는데? 그래서 탄소세를 도입하자는 이야기가 나왔어.

탄소세란, 말 그대로 탄소를 배출할 때 내는 세금이야. 물건을 만드는 과정에서 탄소를 배출하는 기업에 책임을 지라고 하는 거지. 탄소를 많이 배출할수록 세금을 더 많이 내야 해.

탄소세는 1990년 핀란드에서 처음 시작했고, 2024년 기준 38개 나라에서 탄소세 혹은 탄소 배출권 거래제를 도입했어. 우리나라는 어떠냐고? 아직이야. 탄소세를 도입하진 않았지만 2015년부터 온실가스 배출권 거래제를 운영하고 있지.

원래 기업은 적은 비용으로 많은 이윤을 남기는 게 목표잖아. 그래서 가격이 싼 화석 연료를 마구마구 쓴 거지. 그 과정에서 탄소를 마구마구 배출했고.

　그런데 이제 탄소세가 생겼잖아? 기업들은 저렴한 화석 연료를 써서 물건을 만들고 탄소세를 낼지, 아니면 탄소세를 내지 말고 좀 더 친환경적인 방법으로 물건을 만들지 고민에 빠지게 되었어.

　환경을 생각한다면 당연히 두 번째 방법을 선택하는 게 맞아. 하지만 아직은 재생 에너지보다 화석 연료를 쓰는 게 비용이 적게 들어서, 탄소세를 내고 화석 연료를 계속 쓰는 기업이 많아.

우리나라처럼 수출 중심의 나라는 최대 소비지인 미국과 유럽에서 경쟁력을 가지기 위해 탄소 배출을 줄이기 위한 노력을 기울여야 해.

요즘은 많은 기업이 내부 탄소 가격제를 도입하고 있어. 기업 스스로 탄소 배출에 대한 비용을 부과하는 것을 의미해.

엑슨모빌, 쉘, BP 등 에너지 기업과 애플, 마이크로소프트, 구글 등 빅테크, CJ제일제당, KT&G, LG전자, LG화학, SK이노베이션 등 우리나라 기업에서도 적용하고 있지.

　기후 위기의 심각성을 전 세계 사람이 점점 깨달으면서 앞으로는 이런 법이나 제도, 정책들이 더 많이 생겨나겠지?

환경을 생각하며 기업을 경영한다고?

요즘 ESG 경영에 대한 관심이 뜨겁다고 해. ESG 경영이 뭐냐고? 환경(Environment), 사회(Social), 지배 구조(Governance)의 머리글자를 딴 단어야. 친환경적이고, 사회에 좋은 영향을 주고, 공정하게 운영해서 지속 가능한 발전을 하겠다는 거지.

그동안 기업들은 이런 것들을 생각하지 않는 경영을 주로 해 왔어. 돈을 많이 버는 게 최우선이었거든. 지금이야 잘사는 나라가 가난한 나라에 오염 물질이 나오는 공장을 짓는 게 잘못됐다는 걸 알지만, 예전에는 이윤을 늘리기 위해서라면 그런 나쁜 짓도 서슴지 않았지.

기후 위기가 심각해지면서 소비자들의 인식 수준도 높아졌어. ESG 경영을 하지 않는 기업들에게서 등을 돌리기 시작한 거지. 이제는 기업도, 정부도, 소비자도 다 ESG 경영을 중요하게 생각해.

　자, 그럼 ESG 경영의 구체적인 예를 살펴볼까? 아웃도어 브랜드 파타고니아는 블랙 프라이데이 할인 행사에서 '이 재킷을 사지 마세요'라는 캠페인을 했어.

　한 해 동안 가장 높은 매출을 올릴 수 있는 때에 오히려 소비를 줄이자는 구호를 외친 거야.

파타고니아는 사람들이 불필요한 소비를 하지 않도록 오래 쓸 수 있는 제품을 만들고, 공정 무역을 하며, 친환경 원자재를 써서 환경 오염을 줄이려고 애쓰고 있어.

또, 요새 라벨이 없는 페트병이 많이 보이잖아. 라벨이 있는 페트병을 재활용하려면 라벨을 뜯어야 하는데, 이게 여간 번거로운 일이 아니야. 또 뜯지 않고 무심코 버리는 일도 많고 말이야. 라벨이 없는 페트병은 번거로운 과정을 거치지 않고 바로 분리 배출하면 되니까 훨씬 더 편리하지.

여기서 잠깐! 플라스틱 재활용을 더 잘하기 위해 노력한 친구들이 있어.

2020년에 강릉 연곡초등학교 학생들이 음료 회사와 환경부에 재활용이 쉬운 페트병을 만들어 달라는 편지를 보냈대. 라벨에 접착제를 덜 붙이거나, 뚜껑과 몸체의 플라스틱 재질을 같게 만들어 달라는 구체적인 방안도 함께 써서 말이야.

음료 회사는 이걸 그냥 흘려듣지 않고 진지하게 살펴보고 답변을 했다나 봐. 학교를 직접 방문해서 답장을 전달했는데, 이 답장에는 분리배출의 필요성과 방법, 재활용 과정 등의 사례와 함께, 회사의 환경 보호 활동 사례들이 담겨 있었대. 그리고 학생들을 응원하기 위해 음료와 기념품까지 전달했다나 봐.

〈한겨레 기사〉

이런 과정을 통해서 지금 우리가 쓰는 라벨 없는 페트병이 세상에 나올 수 있었던 거야. 환경을 보호하기 위해서 직접 실천에 나서는 우리 친구들이 있다니, 정말 멋지지?

이 친구들처럼 직접 행동에 나서면 좋겠지만, 더 쉬운 방법도 있어. 바로 그린 워싱을 잡아내고, ESG 경영을 하는 기업의 물건을 쓰는 거야!

그린 워싱이란, Green(녹색)과 Washing(세탁)을 합친 단어야. 실제로는 환경에 나쁜 영향을 끼치면서도 친환경적인 것처럼 거짓말로 홍보하는 걸 말해. 환경 파괴적인 면은 숨긴다거나 근거 없이 친환경이라고 홍보하거나 허위 인증 라벨을 이용하거나 하는 식이지.

몇 년 전만 해도 사람들은 '친환경'이라는 단어에 쉽게 속고는 했어. 하지만 지금은 그렇지 않아. 지구가 점점 뜨거워지니까 심각성을 깨닫고 더 유심히 알아보고 현명한 판단을 하기 시작했어.

이제는 우리 모두 갖고 싶은 물건을 무작정 살 게 아니라 '옳은' 소비를 해야 해. 환경과 기후를 생각한 상품이 잘 팔려야 기업들도 지구에 이로운 상품을 더 많이 만들겠지? 어쨌건 기업은 이윤을 남겨야 하니까.

재생 에너지로 탄소 배출 줄이기

 탄소 중립을 이루기 위해서 가장 중요한 건 결국 이산화탄소 같은 온실가스를 적게 배출하는 거야. 그러자면 온실가스를 많이 배출하는 화석 연료를 덜 써야겠지? 화석 연료를 대신하기 위해 재생 에너지가 등장했어.

 재생 에너지는 다시 쓸 수 있는 에너지, 즉 시간이 지나면 자연적으로 보충되는 에너지야. 태양, 물, 바람 같은 자연에서 얻을 수 있어. 그래서 지구를 뜨겁게 만들지도 않아! 대표적으로는 태양광 에너지나 수력 에너지, 바이오매스 같은 게 있지.

2023년에는 유럽 연합(EU)에서 생산한 전기 중 40퍼센트를 풍력이나 태양광 같은 재생 에너지로 만들었어. 그해의 화석 연료로 생산된 전기가 37퍼센트였다고 하니까, 화석 연료보다 재생 에너지로 더 많은 전기를 생산한 셈이야!

미국도 풍력과 태양광 발전을 중심으로 재생 에너지의 비중을 빠르게 늘리고 있어. 2020년에 전기를 만드는 데 쓰는 에너지 중에서 재생 에너지 비중을 21퍼센트로 끌어올렸는데, 2050년까지 42퍼센트까지 끌어올릴 수 있을 거래.

그 외에도 노르웨이, 브라질, 뉴질랜드에서 재생 에너지를 많이 써. 노르웨이는 전체 에너지의 45퍼센트를 수력 발전에서, 브라질은 32퍼센트를 바이오 연료와 폐기물 에너지에서, 뉴질랜드는 25퍼센트를 풍력 에너지와 태양 에너지에서 얻는다지.

재생 에너지를 사용하는 기업도 많아. RE100이라고 들어 봤어? 기업이 사용하는 전력 100퍼센트를 재생 에너지로 충당하겠다는 캠페인이야. 구글, 애플, 이케아처럼 세계적으로 유명한 기업이 참여했고, 우리나라에서는 삼성전자, SK하이닉스, LG에너지솔루션 등이 노력하고 있어.

애플은 무조건 탈탄소에 재생 에너지만 쓸 거라고 선언했고, 2018년에 이미 RE100을 달성했어. 미국 캘리포니아주에 있는 애플 본사에서는 태양광과 바이오가스를 이용해서 100퍼센트 재생 에너지로만 전기를 공급한대.

재생 에너지는 친환경적이고, 공해 없이, 재생산할 수 있어. 하지만 화석 연료 에너지나 원자력보다 에너지 밀도가 낮아. 그래서 화석 연료보다 여전히 비싸. 그렇지만 지구를 생각한다면 화석 연료를 덜 쓰고, 재생 에너지 비중을 늘려야 하겠지? 많은 사람과 기업, 나라가 애쓰고 있으니 점점 그렇게 될 거야. 재생 에너지 100퍼센트가 될 때까지 화이팅!

이젠 나도 환경 지킴이!

 지금까지 기후 변화를 막기 위한 여러 가지 노력을 살펴봤어. 그렇다면 이산화 탄소를 줄이고 탄소 중립을 이루기 위해 우리가 할 수 있는 일은 없을까? 당연히 있지!

 우리가 빵 하나를 먹을 때도 어마무시한 탄소가 배출돼. 밀을 키울 때도 탄소가 나오고, 밀로 밀가루를 만드는 데도 탄소가 나오고, 밀가루를 우리나라로 가져올 때도 탄소가 나오고, 밀가루로 빵을 만들 때도 탄소가 나오고…….

사실은 빵 하나뿐만이 아니야. 음식이 우리 식탁에 놓이게 될 때까지 수없이 많은 탄소가 배출되고 있어.

우리가 밥을 한 끼 먹을 때마다 얼마큼의 탄소가 배출되는지 궁금하지 않아? 간단하게 계산해 주는 계산기가 있어. 한번 해 볼까?

〈한 끼 밥상 탄소 계산기〉

어때? 평소처럼 밥을 먹는데도 생각보다 많은 탄소가 배출되지? 그렇게 배출된 이산화 탄소를 광합성을 해서 다시 흡수하려면 나무가 몇 그루 필요한지 딱 나오잖아.

특별한 걸 먹은 것도 아닌데, 승용차 한 대로 30킬로미터를 갈 때 나오는 이산화 탄소량과 같다니, 소름이 훅 돋지 않아? 밥 한 끼를 먹을 때마다 소나무 한 그루를 심어야 할지도……

여기서 우리가 할 수 있는 게 뭘까? 첫째는 음식을 먹을 만큼만 준비해서 남기지 않고 모두 먹는 거야. 음식을 만들 때뿐만 아니라 남은 음식을 버리는 데도 이산화 탄소가 생겨나니까. 또, 소, 돼지, 닭 등 가축을 기르는 과정에서도 탄소가 많이 배출된다는 건 앞에서도 말했지? 가능한 한 고기를 적게 먹는 것도 환경에 도움이 돼.

푸드 마일리지를 줄이기 위해 로컬 푸드나 제철 음식을 먹는 게 좋아. 이참에 엄마 아빠랑 텃밭을 가꿔 보는 건 어때? 직접 기른 상추나 토마토를 먹어 보면 뿌듯함이 두 배가 될 거야.

생활 속에서 에너지를 아끼는 일도 중요해. 우리나라는 아직 재생 에너지 비중이 작아서 전기의 3분의 2를 화석 연료로 만드니까, 전기를 아끼면 아낄수록 그만큼 탄소 배출을 줄일 수 있어.

가전제품은 전원을 꺼 놔도 플러그를 뽑지 않으면 전기가 계속 새어 나간대. 그러니까 사용하지 않는 가전제품의 플러그는 아예 뽑아 두는 게 좋아.

또, 한여름에 에어컨을 서늘할 만큼 세게 틀거나, 한겨울에 난방을 너무 따뜻하게 틀면 엄청난 에너지가 낭비되겠지? 실내 온도를 적절하게 유지하자고!

그리고 어떤 물건이든 만들 때마다 자원을 쓰고 이산화 탄소를 배출하니까, 소비를 줄이는 것도 중요해. 특히나 일회용품은 한 번 쓰고 버리는 경우가 많기 때문에 환경을 엄청나게 오염시켜.

일회용품을 만들고, 한 번 쓰고 버리고, 그걸 다시 재활용하느라 에너지를 또 쓰고, 그 모든 과정에서 이산화 탄소가 뿜뿜 나오는 거지.

그래서 고장 난 물건을 고쳐 쓰고, 안 쓰는 물건은 팔거나 주위 사람들에게 나누고, 일회용품 사용을 줄이는 게 좋아.

생각보다 지구 온난화를 막기 위해서 우리가 실천할 수 있는 방법이 많지? '나 하나 바뀐다고 기후 위기를 막을 수 있을까?' 하는 생각이 들 수도 있어. 하지만 모두 그렇게 생각해서 아무도 움직이지 않으면? 지구 온난화가 계속될 거야. 그때는 영영 돌이킬 수 없겠지?

세상의 변화는 나로부터 시작돼. 지금부터 나와 너, 우리가 모두 노력한다면 지구는 다시 시원해질 거야!

알쏭달쏭 용어 풀이

탄소 발자국 우리가 일상생활을 하거나 기업이 물건을 만들 때 발생하는 이산화 탄소 양을 수치로 나타낸 거야. 당연히 많을수록 안 좋겠지?

탄소세 탄소를 배출할 때 내는 세금이야. 탄소를 많이 배출하는 기업에 더 책임을 지우기 위해서 도입되었어.

탄소 중립 이산화 탄소의 배출량과 흡수량을 같게 만드는 걸 말해. 다른 말로는 탈탄소나 넷 제로라고 해.

재생 에너지 화석 연료와는 달리 무한정으로 쓸 수 있고, 환경을 오염시키지 않는 에너지를 가리켜.

ESG 경영 친환경적이고, 사회적으로 책임을 지며, 공정하게 지속 가능한 발전을 하겠다는 기업 철학이야.

RE100 기업이 사용하는 전력의 100퍼센트를 재생 에너지로 충당하겠다는 캠페인을 말해.

와글와글 퀴즈 한판

1. 다음 빈칸을 채워 보아요.

1) 특수한 장치로 공기 중에 탄소만 콕콕콕 집어서 모으는 걸 탄소 ☐☐(이)라고 불러.

2) 실제로는 환경에 나쁜 영향을 끼치는 물건을 만들면서도 친환경적인 것처럼 홍보하는 걸 ☐☐☐☐(이)라고 해.

3) 우리 모두 힘을 합치면 ☐☐☐☐☐을/를 막을 수 있어!

2. 맞으면 O, 틀리면 X 하세요.

1) 탄소의 흡수량이 배출량보다 훨씬 더 많은 게 문제야. ☐

2) 이산화 탄소로 다이아몬드를 만들 수 있어. ☐

3) 전 세계 이산화 탄소의 30~40퍼센트는 공장에서 나와. ☐

4) 탄소세는 미국에서 처음 시작되었어. ☐

정답 1. 1) 포집 2) 그린 워싱 3) 지구 온난화 2. 1) X 2) O 3) O 4) X

십 년 뒤, 나는 어떻게 살고 있을까?

지구는 많이 아파. 열이 펄펄 나고 있지. 하지만 아직 늦지 않았어. 기후 위기는 지금 우리 힘으로 충분히 극복할 수 있으니까. 모두가 노력한다면 지구도, 인간도, 동식물도 지금보다 더 나은 환경에서 살 수 있을 거야.

그럼 한번 상상해 보자. 앞으로 십 년 뒤, 우리의 노력으로 기후 위기를 극복한 미래를 말이야.

자, 이 일기는 오늘부터 십 년 뒤 네가 쓰는 거야.

그동안 기후 위기를 막기 위해서 네가 어떤 노력을 했는지 구체적으로 적어 보고, 달라진 일상을 상상해서 일기를 써 보자.

 작가의 말

안녕하세요, 어린이 여러분!

몇 년 전, 저희 둘이 기후 변화의 심각성을 학교 선생님들에게 좀 더 상세히 알릴 목적으로 인터넷 강의를 함께 촬영한 적이 있어요. 이 책은 그 내용을 풀어서 정리한 것입니다.

기후 변화는 과학뿐 아니라, 사회, 경제, 보건, 환경 등 우리의 삶 모두를 뒤흔드는 아주 중요한 문제예요. 그래서 과학 선생님과 사회 선생님이 함께 힘을 합쳐 기후 위기를 설명하기로 한 거지요.

그러니까 책에 등장하는 이쌤과 배쌤은 바로 우리예요.

이 책에는 위기로 다가온 기후 변화를 탐구해 나갈 주인공이 등장해요. 서윤이와 민준이에요. 서윤이와 민준이는 초등학교 때 기후 변화에 대해 알고, 수십 년 후 다가올 위기를 막으려면 어떻게 해야 하는지 미리 계획을 세우는 첫 세대가 될 거예요.

여러분이 어른이 되었을 때는 현재 어른들보다 훨씬 창의적이고 대담한 계획을 펼치며 기후 위기를 당당히 헤쳐 나가겠지요.

이 책은 미래를 대비하는 데 조금이나마 도움이 되었으면 좋겠다는 바람으로 만들었어요. 기후 변화를 과학과 사회의 시선으로 보고 하나하나 풀었어요.

부디 재미나게 읽고 보다 나은 삶을 사는 데 도움이 되었으면 좋겠어요.

2025년 6월

이지유·배성호

첫판 1쇄 펴낸날 2025년 6월 30일

지은이 이지유·배성호　**그린이** 이철민
발행인 조한나
주니어 본부장 박창희
편집 박고은 정예림 강민영
디자인 전윤정 김혜은
마케팅 김인진 김은희
회계 양여진 김주연
인쇄·제본 (주) 소문사

펴낸곳 (주) 도서출판 푸른숲
출판등록 2003년 12월 17일 제2003-000032호
주소 경기도 파주시 심학산로 10, 우편번호 10881
전화 031) 955-9010　**팩스** 031) 955-9009
홈페이지 www.prunsoop.co.kr　**인스타그램** @psoopjr
이메일 psoopjr@prunsoop.co.kr　**제조국** 대한민국

ⓒ 이지유·배성호·이철민, 2025
ISBN 979-11-7254-550-5　74500
　　　979-11-7254-549-9 (세트)

· 잘못된 책은 구입하신 서점에서 바꾸어 드립니다.
· KC 마크는 이 제품이 공통안전기준에 적합하였음을 의미합니다.
· 던지거나 떨어뜨려 다치지 않도록 주의하세요.